KB165647

보는 눈의
여덟 가지 얼굴

Visuelle Kulturen/Visual Culture zur Einführung
by Marius Rimmele/ Bernd Stiegler

보는 눈의 여덟 가지 얼굴

시각과 문화: 당신은 누구의 눈으로 세상을 보고 있는가

Visuelle Kulturen / Visual Culture

zur Einführung

마리우스 리멜레 · 베른트 슈티글러 지음 | 문화학연구회 옮김

글항아리

옮긴이 서문

현대인은 회화, 조각부터 사진, 영화, 텔레비전, 인터넷, CCTV 등 다양한 시각 매체를 통해 수많은 이미지를 접하며 살아간다. 그 이미지를 받아들이는 눈, 즉 시각은 흔히 다른 감각들보다 정확성과 객관성이 뛰어나다고 여겨진다. 그러나 눈으로 어떤 대상을 바라보는 것은 단순히 시신경의 작용으로만 환원될 수 없는 문화적인 현상이다. 백인과 유색 인종, 고등교육을 받은 계층과 그렇지 못한 계층, 남성과 여성, 제국주의자와 피식민지 주민이 세상을 보는 눈은 서로 다를 수밖에 없다. 이미지는 개별적인 현상이 아니라 문화적 함의 속에서 관찰하고 연구해야 하는 대상이다. 독일 콘스탄츠 대학의 문화학 연구자 마리우스 리멜레와 베른트 슈티글러 교수가 공동 집필한 『보는 눈의 여덟 가지 얼굴』은 보는 것 혹은 시각성의 문화적 성격을 고찰하고 비판적으로 조명한 입문서다.

우리의 시각적 인식이 문화적 산물이라는 주장은 오늘날 매체학의 기본 텍스트로 간주되는 발터 벤야민의 에세이 『기술복제시대의 예술작품』(1935년)에서 제시된 테제에 기대고 있다. 이 책의 저자들은 인간 인식이 "생물학적인 사실이 아니라 문화적 변수"이며, 매체 변화가 인간의 인식에 직간접으로 영향을 준다는 의미로 벤야민의 테제를 이해하고 있다. 이 책은 회화, 건축, 패션, 디자인, 광고 등 여러 분야에서 나타나는 "눈의 문화들"을 여덟 개의 주제로 나누어 분석하고 이미지와 그 문화적 연관성과 시각성의 관계를 추적한다.

서론에 해당하는 1장에서는 이 책의 주제인 이미지와 눈의 전반적인 특성 그리고 시각성과 문화가 가지고 있는 근본적인 관계를 설명한다. 2장에서는 히에로니무스 보스의 그림을 분석하여 보는 행위의 이중적인 측면을 소개한다. 그림 속에서 관찰자를 바라보는 그리스도의 시선과 관찰자가 그림 속의 그리스도를 바라보는 행위는 시선과 권력의 결합을 낳고 규율과 금제를 만들어낸다. 저자들은 알튀세르의 이데올로기 이론을 인용하여 그림을 관찰하는 행위와 그 시각성에 감춰져 있는 주체 형성의 차원에도 주목한다. 3장은 서구가 타자로서 동양을 바라보는 시각이 어떻게 문화적으로 구성되었는지를 보여준다. 동양에 대한 상투적 이미지와 표상을 만들어내는 시각적 구성에서 동양에 대한 서양의 권력전략적 시선과 동양을 전유하고자 하는 욕구가 함께 작용하고 있음이 드러나고 있다. 이러한 오리엔탈리즘은 서구가 자신과 동양을 구분 짓고 동양의 다원성을 통일적이고 도식적인 이미지로 축소하여 동양을 효과적으로 지배하는 수단이었다. 4장에서는 다양한 매체이론을 정리하면서 시각문화연구와 관련된 테제들을 제시한다. 저자들은 매체기술의 변화에 있어서 분명한 전제가 되는 지각의 역사성을 언급하고 매체로 전달되는 이미지를 독자적인 연구 대상으로 인식하여 이미지가 가진 고유의 논리와 그 기능에 맞는 이론들을 발전시키는 것이 중요하다고 강조한다. 이를 위해 리들리 스콧의 영화 「블레이드 러너」를 매체 변화를 성찰하는 영화로 규정하여 소개하고 있다. 5장에서는 시각에 대한 인식이 기하학적 광학에서 생리학적 광학으로, 단안의 보기에서 양안의 보기로 전환되면서 나타난 인식론적 결과에 대해 설명한다. 19세기 초 인식론적 표상들의 모델이었던 카메라 옵스큐라는 단안의 보기를 대표하는 기구였으나, 입체경이 발명되면서 생리학적 광학이 새롭게 조명되기 시작했다. 이후 시장에 넘쳐난 영상들은 한편으로는 지각과정에서의 주체의 구성적 역할을 얻어내는 데 기여했지만, 다른 한편으로 이 주체는 역설적이게도 스테레오사진의 '현실성 효과'에 기댄 본격적인 이미지 산업의 목표물이 되었다. 6장에서는 자아 정체성과 시각적인 것의 관계를 설명한다. 자아는 기존의 이데올로기 혹은 문화적 산물의 영향을 받으며 형성된다. 오늘날 자아 형성에 가장 강력한 영향을 미치는 모델은 대중문화다. 신디 셔먼의 예술사진은 욕실에서 거울을 보며 대중문화의 정형화된 모델을 모방하려고 노력하는 한 젊은 여성을 통해 주체가 언제나 집단적으로 미리 각인되어 있고 내면화된 본보기들의 '거울' 속에서 형성된다는 사실을 강조한다. 자크 라캉의 거울 단계 이론은 시각문화와 주체 형성의 문제를 설명하는 중요한 단서를 제공한다. 7장에서는 현대사회에서 항상 볼 수 있는 CCTV의 예를 통해 도처에서 우리를 관찰하고 감시하는 눈에 시선을 돌린다. CCTV는 사적 영역의 보호와 사적 영역의 침해라는 양면성을 지니고 있기에 끊임없는 논란을 불러일으키고 있으며, 「빅 브라더」와 같은 리얼리티 TV 오락 분야에까지 침투했다. 더불어 판옵티콘은 관찰자와 피관찰자의 관계를 다룬 대표적인 감시 기술이며, 현대에는 중앙집권 감시체제가 아닌 모바일 감시체제를 통한 포스트판옵티콘 질서가 등장했다. 8장에서는 네덜란드의 구호단체 코드에이드 광고의 예를 들어 상품스펙터클 사회에서 소비문화 이데올로기에 대한 비판이 어떤 방식으로 이루어질 수 있는지를 보여준다. 광고는 부단히 우리를 소비자, 즉 경제주체로 호명한다. 대부분의 시각문화가 이미지성에 기초하고 있으며, 이 이미지성은 특정 제품을 라이프스타일과 욕망의 논리와 연결시켜 제품의 구매를 촉구한다. 저자들은 안티광고 혹은 안티마케팅광고 전략을 이용한 코드에이드 광고에서 보듯이 현대사회의 시각적인 것에 대한 이데올로기 비판적 분석을 촉구한다. 9장은 과학사와 과학이론에서의 시각과 인지의 문제를 다루고 있다. 저자들은 과학 분야에서 가장 중요하게 생각해온 시각적 객관성이라는 가치가 문화적으로 코드화된 것임을 주장한다. 그러면서도 이미지라는 시각화의 가능성이 특정 이론의 수용을 가능하게도 하고 예술과 예술의 해석에도 영향을 끼친다며 과학 분야에서 이미지가 갖는 포괄적 효력이 과소평가될 수 없음을 분명히 강조한다. 더불어 이미지에 축적된 그 모든 것으로 인해 이미지를 역사의 대리인으로 이해하고 설명하려는 태도가 필요함을 역설하고 있다. 마지막 10장은 결론으로, 시각문화라는 분야가 독일의 제도권 학문에서 어떤 위상을 차지하고 있는지를 영미권 학계와 비교하여 간략히 소개한다.

영미권 국가들에는 얼마 전부터 시각문화를 연구하는 학과가 독립적으로 설치되어 있는 반면, 독일어권은 시각성과 문화연구 과목들이 여러 학과에 분산되어 있다. 이 책의 저자들은 영미권 시각문화연구에서 중점적으로 논의되는 문제의식을 수용하고 독일어권의 여러 분과학문에 산재하는 이론들을 묶어보려는 의도를 갖고 있다. 최근 시각문화에 대한 연구가 전 세계적으로 활발하게 진행되는 가운데 국내에서도 관련 학회(한국영상문화학회)가 설립되었고, 몇몇 대학에 관련 학과가 설치되어 있다. 하지만 시각문화가 무엇이며 협동적 학제로서 그 성격이 어떠한지를 차근차근 논의한 개론서는 많지 않다. 이 입문서는 수많은 이론적 질문과 주제에 접근하는 통로를 일목요연하게 제시하고 새로운 질문과 답변을 유도하고 모색하게 함으로써 우리의 시각문화연구가 나아가야 할 방향을 고민하는 데 많은 도움이 될 것이다.

Visuelle Kulturen / Visual Culture

차례

일러두기

- 이 책의 각주는 모두 옮긴이주이며 원주는 후주로 처리했다.
- 원서에서 이탤릭체로 강조한 부분은 굵은 글씨로 표시했다.
- 인명의 경우, 원어는 본문에 병기하지 않고 찾아보기에 넣었다.

| 1장 |

서론

시각문화들

눈의 문화성

최근 20년 동안 이미지는 유행하는 연구 대상이 되어왔다. 독일어권에서는 다음과 같은 질문, 즉 이미지는 어떻게 작용하는가, 이미지는 어떻게 소통하는가, 무엇이 이미지를 이미지 아닌 것 혹은 언어 텍스트와 구별 짓는가와 같은 질문이 많은 관심을 모았다. 그러나 이미지를 독자적 권리를 지닌 현상으로서 매혹적으로 보고자 하는 시선은 다음과 같은 사실을 은폐해서는 안 될 것이다. 바로, 만약 이미지를 좀더 넓은 문화적 맥락에 위치시키지 않는다면 그 영향력을 지나치게 피상적으로 이해하기 쉽다는 사실이다. 의미나 영향력 같은 것은 사회적인 상징체계, 규준, 사용 방식과 권력관계 등에 편입되어 있다. 또한 이미지가 이러한 연관관계 안에서 행하는, 논란의 여지 없는 특수한 작용은 많은 경우, 예컨대 성적 매력이 있는 사람들, 산의 전경, 사육제 행렬에서 확인할 수 있듯이 이미지는 시각적으로 파악된다는 사실에서 기인할 것이다. 그렇다고 해서 이미지라는 상징적인 매체, 혹은 좀더 구체적으로 이야기하자면 우리가 만나게 되는 숱한 이미지가, 시각적으로 인지할 수 있는 현상들 내부에서 특별히 눈에 띄는 위치를 차지하고 있지 않다는 말은 아니다. 이미지들은 예를 들면 전승되어온 틀에 의거해 어떤 사람들이 특별히 매력적인가에 대해 우리에게 암시를 준다. 혹은 회화적인 묘사라는 형식에 근거해 풍경에 대한 미학적인 시선 자체를 만들어낸다. 그러나 원칙적으로 이미지는 바라본다는, 즉 시선을 주는 행동과 재현의 실행 속에 한 부분으로 들어 있는 것인데, 이것은 부분적으로는 물질적인 고정 없이도 그 영향력을 펼친다. 이미지를 페티시로 삼을 게 아니라면—프로이트에 따르면 페티시는 무생물이지만 우리가 두려움과 쾌락에 동시에 이끌려 생명이 있다고 간주하는 대상이다—그리고 모든 영향력을 그 특수한 매체성에 투사하고자 하지 않는 사람이라면, 이미지들의 기능을 하나의 더 큰 전체에 위치시키는 작업 그리고 이미지들이—아주 특별하다 해도—문화와 시각성의 관계 영역 안에 놓여 있는 한 부분일 뿐이라는 균형 잡힌 의식은 매우 유익할 것이다.[1]

본 입문서의 주제는 이미지가 아니며, 건축도, 유행도, 디자인이나 다른 시각적인 대상도 아니다. 바로 문화와 시각성이 보유하고 있는 원칙적인 연결관계와 조건에 대한 것이다. 따라서 그것은 문화적인 것들의 시각적인 이해에 대한 내용이 될 것이며, 또한 첫눈에는 아마 좀 덜 명백해 보이는, 본다는 것의 과정을 문화적으로 이해하는 일이 될 것이다. 이 작업이 시각문화연구Visual Culture Studies에 대해 생겨난 최초의 소견은 아니다. 1930년대에 발터 벤야민은 이미 "인간 집단의 현존재 방식 전체와 함께 감각의 지각 방식과 종류 또한 [변화하며]", 이것은 "자연적으로뿐만 아니라 역사적으로도 조건 지어진"[2] 것이라고 주장했다. 그의 테제에 따르면 지각이란 생물학적인 기정사실이 아니라 문화적 변수다. 감각지각이 역사적으로 변화하고 사회적 영향을 받으며 특히 그 지각이 이루어지는 매체[3]에 의해 좌우된다고 이야기한다면, 이는 문화적인 구성 요소로부터 출발하고 있는 것이다. 스스로를 비판으로서 이해하는, 시각적인 것에 대한 모든 분석에서 아마도 다음과 같은 작업이 가장 결정적일 텐데, 생물학적이고 '자연적'이라고 추측되는 것들, 예를 들어 인간의 보는 행위와 같은 것은, 그것이 안구의 수정체 안으로 빛이 입사되는 문제 이상이 되자마자 언제나 자연/문화의 구분에서 자연만이 아니라 문화에도 속하게 된다는 점이 입증될 것이다. 여기서 눈의 매체적인 정비는 또한 보여지는 것에 대한 리비도적 점령이나 처벌하는 제한과 같은 역할을 수행한다. 그리고 이러한 보여진 것은 다시금 집단적으로 공유하는 이해 표준과 기대 행동이라는 배경 앞에서 불가피하게 '가공된다'. 무엇이 본다는 것의 대상이 될 수 있는지, 누구를 혹은 무엇을 내가 보는지, 그리고 더욱이 내가 다른 이의 (상상의) 시선에 어떻게 나타나는지에 대한 것은 문화적 조건에 의해 좌우되는 것이다. 이보다 더 명백한 점은, 본다는 것의 상징적인 점령이 문화적인 변수를 나타낸다는 사실이며, 감각의 위계질서 안에 위치하는 가치와 인식을 위한 은유로서 본다는 것의 가치 또한 그러하다는 점이다.

이에 따라 이 책에서는 다양한 "눈의 문화들"이 소개될 것이다. 그렇게 함으로써 문화와 본다는 행위/가시성의 밀접한 관계의 다양성이 눈앞에 분명하게 펼쳐지며, 또한 동시에 비판적으로 질문을 던질 수도 있게 될 것이다. 각각의 장은 상이한 현상과 질문들에 주목하면서, 그 과정에서 각각 다른 연관 이론을 불러낼 것이다. 아마도 일종의 이론적 도구상자로 묘사될 수 있을 텐데, 이와 함께 '시각적인 문화들'의 적용의 장과 이론의 장이 지닌 복수성을 관찰할 수 있을 것이다. 각 상자는 우선적으로 서로 독립적이나, 특별한 연관관계를 추론하려 한다면 때로는 더 많은 이론 도구를 사용해야 한다. 여기에 있어서의 목표는, 실천적이고 이론적인 비판으로 가는 입구를 여는 것이다. 그리고 다음과 같은 규칙이 유효하다. 보여지는 것이 우리에게 더 직접적으로 영향을 미치는 것처럼 보일수록, 즉 더 '자연스럽게'(일상적으로, 가공되지 않은 채로) 접근할수록, 비판적인 성찰과 분석의 거리를 만들어내는 것이 그만큼 더 어렵다는 점이다. 그러한 거리는 지금까지 수사학, 언어학, 문예학, 철학이 텍스트를 위해서 제공해왔던 것이다. 텍스트는 명백히 만들어진 기호 구성물로서 인식할 수 있다. 이에 비해 사진, 영화, 학문적인 삽화 혹은 축제의 시가행진과 같은 볼거리는 그들의 **인공성과 가공성**의 특정한 부분을 여러 방식 속에서 쉽게 잊어버리도록 만든다. 시각적인 문화의 스펙트럼을 결코 완전하지 않다 해도 적합하게, 또한 가장 중요한 연관 이론 및 그 적용의 장들과 함께 제시하기 위해, 우리는 각각 다른 중점을 갖고 있으며 서로 다른 패러다임을 형성할 수 있는 여덟 개 영역을 선정하기로 했다. 이론적인 면이나 주제에 있어서 공통된 부분은 개별적인 장에서 상호 지시관계를 통해 만나도록 시도했다. 모든 장의 마지막에는 간략히 선별된 문헌 목록을 세부 서지사항과 함께 실었는데, 각각 열 권으로 제한했다.

그런데 "눈의 문화들"에서 왜 복수형을 사용할까? 이 '문화들'은 어떻게 구별되는가? 시각성의 다원성 앞에서 우리는 다음과 같은 것을 좀더 자세히 살펴봐야 하는데, '문화'에 대해 그것이 완전히 다른 구상은 아니라 해도, 우리가 항상 의식적으로는 아니지만 자주 병치해서 쓰는 다양한 단면이 있다는 것이다. 독일어의 '문화Kultur'는 라틴어의

'colere'에서 비롯되었는데, 이것은 지금의 '돌보다, 가꾸다pflegen'라는 의미를 갖고 있었다. 처음에는 토지라는 농업 경작지와의 연관 속에서 사용되었으나, 고전시대에 이미 인간 스스로나 신들에게 상응하는 제식cultus과 같은 영역으로 전이되어 쓰였다. 그런 식으로 "농업의 기술은 정신적인, 사회적인, 종교적인, 교육적인 개량에 대한 이해의 모델, 즉 한 사회 혹은 한 개인의 '문명화' 모델이 되었다."[4] 그러므로 가장 근본적인 반대 개념으로서 '자연'과의 구분은 처음부터 분명한 것이었다. 자연의 한 조각이 돌봄과 가꿈을 통해 문화가 되고(예를 들면 쟁기질을 하는 가운데), 다리가 두 개인 동물이 문명화를 통해 사회생활을 할 수 있는 인간이 된다. 생각할 수 있는 인간의 모든 활동 영역에서 연속적인 개량과 종교적이며 기술적인 침투를 포괄하는(와인 문화, 전투 문화 등등) 고전적인 기본 구상 위에, 부분적으로는 새로운 반대 개념까지도 포함하는 문화 개념의 확장된 변종도 정립되고 있다. 여기서 네 가지 관점을 언급할 수 있겠다.

1. 대체로 문명과 동의어로 이해될 수 있는 사용법에서는 문화 개념을 대부분 시간축에 배치해 역사, 나아가서는 진보로 파악한다. 이는 잘 알려진 대로 유럽인들이 오랫동안 그들의 문화를 가장 진보한 것으로 일반화하고 모범으로서 선언하는 것을 정당한 일인 양 느끼도록 만들었다. 다른 사회 형태들은 '원시적인' 것으로, 즉 부정적인 의미에서 '자연적인' 것으로 인식되어, 지배되고 식민화되었다. 언제나 반대 방향으로의, 즉 **문화비판적인** 평가가 있었다는 사실도 존재한다. 이러한 입장에서 가장 유명한 것으로는 장 자크 루소가 제창한 인간적 자연상태의 이상화가 여전히 언급될 수 있다. 그러나 이러한 사실도 자기 자신

의 이전 상태로 다른 삶의 방식들을 연관시키는, 일반화시키면서 동시에 역사화시키는 구상의 문제점들을 변화시키지는 못한다. 문화/자연-구분이 인간이 만들어낸 것(그러므로 정의상 '문화'인 것)의 영역에서 가치를 평가하려는 의도로 반복될 수 있다는 사실이 비단 이 경우에서만 보이는 것은 아니지만 말이다.

2. 또한 한 시대와 사회 내부에서 문화 개념의 첨예화를 통해 엘리트적인 '문화'(고급문화Hochkultur의 의미에서) 영역이, 무지하다고 평가받는 대중오락으로부터 거리를 취할 수도 있다. 엘리트 문화는 자기완성에 대한 시민적 변종인데, 이는 18세기부터 특히 미학적인 창작과 교양성을 판단하는 영역에서 확인되어온 것이다. "고급문화는 수직적인 구조를 내포하며, 하나의 공동체 안에서 사회적 위치 설정 및 예술적인 최대 능력의 미학적 가치 평가라는 이중적 의미에서 최고를 요구한다."[5] 원래의 반대 개념은 비-문화Nicht-Kultur나 '원시'였을 것이다. 자연과 문화의 근본주의적인 구분이 여기서 새롭게 빛을 내는 것으로 보인다.

3. 또 하나의 개념 구상은 진보의 측면 대신, 계속 생성되며 동시에 계속 개량되고 있는 삶의 형식들이 지닌 다양성을 관심의 한가운데에 위치시킨다. 이러한 견해는 개별 문화의 장 내부와 그 사이의 차별화를 강조한다. 애초에 문화적인 것의 외부나 저편에 대해서는 인식하지 않는, '문화'에 대한 이런 형태의 개념 사용에 있어서 반대 개념을 말하자면, 가치중립적으로 단순하게 **다른** 문화일 것이다. 한편으로 그러한 '문화 범위'를 얼마나 넓게 혹은 좁게 상정할 것인가는 관습과 의도의 문제로 남겨질 것이다. 이러한 의미에서 한 문화(예를 들면 공동의 역사와 공동의 생활양식 및 규준을 가지고 있으며 지리적으로 제한할 수 있는 언어공

동체와 같은)의 실제적인 동질성은 그 자체로 쉽게 읽어낼 수 있다기보다는 오히려 대부분 외부에서 공인되거나 혹은 내부로부터 불러낸 것이다. 모든 변화를 통틀어 안정적인 문화공동체는 오로지 타자 인정과 내부 인정에 의해서만 생성된다. 규모가 더 큰 문화 단위들은 예를 들어 종교를 형성하며, 이는 과거든 현재든 특별한 방식으로 전쟁과 같은 분쟁의 근거로서 기능해왔다. 때로 '서구 문화'라는 것이 냉전 종식 후에는 더 이상 비非자본주의적인 성격을 가진 반대의 모델이 아니라 단지 이슬람에 대립하는 것으로 보인다는 인상을 받는다. 그런 식으로 많은 종교에 기반한 "문화 분쟁"은 "세계적인 규모로 벌어지는 종족 분쟁"으로서 위협적인 것으로 여겨진다.[6] 이러한 대형 문화들이 무엇보다도 분쟁이 의미와 역사에 의해 마련되고 사회적 단결을 조직해야 하는 곳에서 불려나오는 동안, 스스로 오랜 기간 존재해온 민족국가는 면밀히 관찰해본다면 수없이 많은 하위문화로 분열되고 있다.

4. 네 번째 관점은 사회적인 발전과정의 결과로서 문화들의 구조적인 이질성을 강조한다. 그러한 문화들은 비단 민족적인 소수집단을 둘러싸고 조직되는 것이 아니라, 계급 차이, 성별 선호도, 나중에는 음악이나 유행을 중심에 두고도 형성된다. 웹 2.0의 존재 이후 가장 새로운 경향은 아직 거명되지도 않은 상태다. 이 책에서 별도로 한 장을 할애한 탈식민주의 이론은, 문화 개념을 대규모 집단에만 제한한다 해도 한 개인이 여러 문화에 속할 수 있다는 사실에 대한 인식을 불러일으켰다. 민족이라는 그룹으로부터 탈피해 삶의 형태들이 가진 사회 내부적인 다원성 안으로 한 발짝 더 들어간다면, 반대 개념쌍인 **문화/다른 문화** 그리고 **고급문화/비-문화**가 상호 접근하는 것을 관찰할 수 있다. 그

들은 **지배적인 문화/하위문화**와 같은 배치 안에서 서로 만나게 된다. 그러한 배치들의 개별적인 가치 평가 안에서, 성배의 수호자로부터 보호받으며 고전으로 인정받는 대작들과 보편적으로 가치 있는 미학적인 판단들 그리고 고급 취향의 차별성이 한편에 놓이고, 다른 편에는 자신들의 미적 이상과 이미지, 고유의 취향을 인정받고 재현된 것으로 보고자 하는 그룹들이 벌이는 노력 사이에 벌어지는 투쟁 가능성이 놓인다. 문화들 내부에서 어떤 경우에도 정적으로 동질화된 상태로 있을 수 없다는 것은 그들이 고립된 모나드가 아니라는 사실과 관련 있을 뿐만 아니라, 그 문화들의 코드와 끊임없이 상호 교환한다는 사실과도 관련이 있다.[7]

이러한 배경 아래에서 다양한 시각문화와 그 동역학을 파악하고자 시도한다면, 우선 하나의 문화가 어디에서 관찰될 수 있는지에 대해서부터 질문해야 한다. 이에 더하여, 어떠한 방식으로 어느 정도로 복수의 문화가 시각적인 현상과 연관되어 있는지 그리고 어떤 이유에서 정당하게 '시각문화'라고 이야기할 수 있는지에 대해서도 고찰해봐야 할 것이다. 여기서 시각성이란—그리고 이것은 강조하여 반복되는바—이미지의 영역 이상의 것을 가리킨다.

같은 장소라는 공동의 삶의 조건 위에 기반하고 있는 형태의 '문화'에 대해서는 물론 원칙적으로 자기 기술 혹은 경우에 따라서는 암묵적인 혹은 명시적인 경계 설정을 할 수 있다. 전형적으로는 서술의 형식으로, 아니면 텍스트 형식 안에서도 시각적인 것을 다루고 있는 자아 이미지와 타자 이미지의 형식으로도 가능하다. 문화들은 중요한 텍스트뿐만 아니라 기억을 지켜주는 이미지나 이미지 형식들을 보유하고 있다. 독일 문화학의 선구자 중 한 사람인 아비 바르부르크는, 고전 시대의 이미지 형식들이 그의 시대에 이르기까지 변화하고 다르게 의미화되는 과정을 추적하는 작업에서 이미 그러한 연관관계 규명을 목표로 삼았다.[8] 클리퍼드 기어츠에 따르면 문화는 인간이 "같이 엮여 있는" "스스로 조직되는 의미구성체"로 이해할 수 있다.[9] 다른 말로 하자면, 문화들은 그 관찰 가능한 표면이 고도의 시각성을 지닌 상징체계이며 여기서는 특히 이미지와 조형 형식만이 아니라 제례도 큰 역할을 한다. 확장된, 변화된 문화의 '유희의 장'은 "확신과 실행"인바, 이들은 "포괄적인 통제 기술"로서 기능하며 "사회적 행동이 그 안에서 움직여야 하는 일련의 제한들"을 제시하고, "개인이 맞춰가야 하는 모델들의 레퍼토리"로서 존재한다.[10] 또한 이와 함께 이른바 **시선 체제**라는 형식으로 시각적인 것의 다양한 면모도 파악할 수 있는데, 이 책의 2장과 7장에서 이에 대해 고찰할 것이다. 문화를 이렇게 바라보는 관점에서는 또한 다음과 같은 점이 분명해지는데, 바로 보이지 않는 그러한 것들이, 그러니까 억압된 것, 금지된 것, 주변부화된 것이 문화 분석에 있어서는 특별한 관심사가 된다는 사실이다.

무엇이 문화적인 것인가는 또한 하나의 **역사**를 가진다. 그리고 문화들은 과거를 돌아볼 때, 즉 현재 상태와의 차이 속에서 스스로를 더 쉽게 드러낸다. 그렇게 시선의 문화 혹은 재현의 문화 사이의 역사적 차이점에 대한 하나의 시각이 나타나는 것이다. 이에 대한 예를 다음 장의 (후기) 중세시대가 보여줄 것이다. 여기서 우리는 하나의 문화적인 형성이 그의 시각적인 단면 속에서 과연 스케치될 수 있는지, 될 수 있다면 어떻게 가능한지를 하나의 본보기로 점검할 뿐만 아니라, 또한 시각문화 사이에 얼마나 정확하게 혹은 얼마나 의미 있게 경계를 지을 수 있는가를 추적하고자 한다.

우리가 이미 살펴본 대로 발터 벤야민은 그의 문화이론적인 숙고 속에서, 시각성도 해당되는 '감각지각'의 역사적인 교체과정을 **매체 전환**과 관련지었다. 보는 행위의 실행만이 아니라 본다는 행위의 본질에 대한 표상이 언제나 현재의 매체들에 종속되어 있기 때문에, 시각문화의 역사적 전환은 특히 보는 것의 매체사 안에서 파악될 수 있다. 이러한 차원의 예는 주로 2장과 4장, 5장에서 찾아볼 수 있다. 이와 함께 이미지-텍스트 관계의 전문가인 W. J. T. 미첼이 지치지 않고 되풀이하는 다음의 진술에 대해서도 생각해봐야 한다. "시각적인 매체란 없다. 모든 매체는 감각과 기호 유형들이 상이한 비율로 참여하고 있는 혼합 매체다."[11] 문화적인 것이 가지고 있는 시각적인 면모는, 이 정도는 분명하다고 할 수 있을 텐데, 다른 감각 데이터나 텍스트성으로부터 결코 완전히 고립될 수 없다는 점이다.

시간적인 변화 외에도 **공간적으로** 분리된 문화들과 그 각각의 고유한 시각성은 관찰할 가치가 있다. 이들이 만나는 경우, 종종 오해에서 비롯된 번역과정이나 재해석을 관찰할 수 있다. 왜냐하면 여러 문화 가운데 하나의 문화에 소속되어 있음을 의식하고 있다면, 그 소속감에서 벗어나기란 간단치 않기 때문이다. 이러한 사실은 방법론적인 문제를 제기하는데, 이 문제는 특히 민속학이나 인류학에서, 그러나 결국에는 모든 비교문화학에서 고민해야 하는 것이다. 상이한 힘의 역학관계로 인해 시각적인 문화제국주의의 형태들이 나타난다.(특히 한쪽 문화가 다른 쪽보다 스스로를 문명화되었다고 이해할 때 그렇다.) 이러한 행위의 결과로 잡종화와 혼합에 이르게 되는데, 이들은 결국 하나의 새롭고 더 유동적인 문화 형태를 만들게 된다. 두 개의 문화가 맞부딪칠 경우에는, 외부와의 대비에 의지해 자기 정체성을 확립하는 본질적인 작업으로서 타자를 구성하는 시각적 타자 구성과정이 관찰된다. 이런 문제들은 특히 3장에서 다룰 것이다.

예술작품과 예술작품의 올바른 인지를 둘러싸고 조직되는 고급문화가 또한 시각성, 올바르게 본다는 행위 및 공공장소에서의 재현과 관련된다는 것은 쉽게 설명할 수 있다. 그러나 공공의 승인을 둘러싸고 벌어지는 반문화와 하위문화들의 쟁투도 가시성의 영역에서 결정된다. 게이 프라이드 퍼레이드에 대해 생각해보면 된다. 여기서 중요한 것은 무엇보다도 공적 공간에서 이루어지는 동성애의 공공연한 가시화이며, 이것은 플래카드를 들고 하는 모든 형태의 항의 시위나 저항의 의미로 쓰는 가이 포크스 가면 등에서도 찾아볼 수 있다.

인간이 "상당한 수준의 다양성과 내적인 분화"[12]를 보여주며 수행하는 모든 것이 문화 개념에 대한 권리를 요구한다는 생각은, 고전화된 고급문화의 예술품으로부터 분리해 나와서 인간적이고 사회적으로 의미 있는 시각성이 가진 모든 형식으로의 학문적인 이동shift을 제공한다. 영어로 시각문화Visual Culture라는 라벨 아래 있는 모든 학문적인 노력의 가장 작은 공통분모는 다음과 같은 가정일 텐데, 바로 연구할 만한 가치가 있는 모든 것에 대한 정당성의 확보가 반드시 예술작품의 위상이라는 것에 의해 좌우될 필요는 없다는 것이다. "~의 시각문화"라는 말은 이론적인 면이 가장 취약한 의미에서 보자면 전혀 예술이었던 적이 없는, 주제나 시대적으로 제한된 이미지 자료들에 대한 모든 방식의 규명을 뜻한다. 이미지에 대한 학문적 시선을 예술 바깥으로 확장하려는 이런 추동력이 독일의 '이미지학'에 관한 이해에도 영향을 주고 있지만, 이것은 무엇보다도 영미에서 각인된 시각문화(연구)Visual Culture (Studies)—이에 대해서는 곧이어 설명할 텐데—와 합산되지 않으면서 수행된다. 그러한 유의 차이점과 공통점에 관해서는 마지막 장에서 다시 한번 자세히 다룰 것이다. 한 사회 내부에서 다양하게 분화된 문화들의 구상은 특별한 형식의 시각적 노하우를 중심에 놓고 연구하면 큰 소득이 있을 것이다. 우리가 문화와 시각성의 상호 의존에 대한 가정을 진지하게 받아들인다면 다음과 같은 것을 전제해야만 하는데, 특정 문화들은 바로 시각적인 실행과 기술 체계를 통해서, 그리고 그때 사용된 기술과 생성된 이미지에 대한 지식을 통해서 서로서로 구분된다는 것이다. 이런 접근법은 예를 들면 9장에서 명백하게 밝혀질 것이다.

마지막으로, 가장 기본적인 문화 개념인 자연/문화-구분이 시각문화의 이해에 있어 어느 정도까지 역할을 할 것인가에 대해 질문을 던져야만 한다. 그것은 처음에는 그리 풍성한 결과를 가져다줄 것으로 보이지 않는데, 시각적인 것에 대해 인간에 의해 산출된 모든 것(예를 들어 이미지, 시선의 제한, 장관, 보는 장치들 그리고 본다는 것 자체의 상징적인 재형성)이 문화 영역에 속하게 되는 한 그렇다. 그러나 이미 언급했듯이, 시각성에 대한 분석적이고 비판적인 연구가 가진 이론적이고 방법론적인 근본 동력은 바로 다음과 같은 것에 대해 예민함을 높이는데, 모든 시각적인 것은 바로 이러한 의미에서 '만들어진' 혹은 '가공된' 것이라는 사실이다. 인간의 문화 창조를 어디까지 다시금 그의 자연으로 이해할 수 있는지, 그리고 문화적인 질서와 실행이 어디까지 특정한 자연적 성향에 빚을 지고 있는지에 대해서는 논쟁이 있어왔다. 이러한 배경에서 '시각문화'에 대한 일반적인 이론적 접근들은 예외 없이 반反생물학적인 면을 취하도록 했다.[13] 그러나 이는 생리학적이고 심리학적인 소인들이 간단히 무시될 수 있음을 의미하지는 않는다. 심리적인 주체 형성과 동일시, 시각성의 연관관계를 다룰 6장에서 우리는 인간의 '자연'과 문화를 잇는 이런 접속점에 대해 살펴볼 것이다.

어차피 다 완벽히 다룰 수 없는 "눈의 문화들"의 다양성을 그저 훑어보는 식으로는 부족하다. 그렇게 하다가 문화의 다채로운 단면들을 드러내는 데 성공한다고 해도 역시 충분하지 않다. 각 장을 구성하는 데 있어 또 다른 기준은, 시각적인 것이 어떻게 각각의 경우에 '문화적인 것으로 되는가'와, 어떻게 문화적인 요소들이 본다는 것의 정황을 각인하는가에 대한 서로 다른 동력이다. 여기에 작용하는 것은 매체적인, 사회적인, 상징적인, 소통적인 요소이며, 또한 통찰을 부여하는 요소와 심리적인 요소들이다. 따라서 이런 과정과 관계들을 처음으로 기술하고 분석할 개념, 이론, 방법 등의 도구들도 소개할 것이다. 이 글의 시작에서 언급했던 특별한 역할은, 시각적인 문화화에 있어 지속적으로 나타나는 증상과 행위요인으로서의 이미지에 의하여 수용된 것이다. 이는 모든 것에도 불구하고 시야에서 사라지지 않고 유효하다. 다른 말로 하자면, 시각적인 것을 다루는 문화이론의 첫 번째 구성 요소가 중심이 된다.

"시각적인 문화들"에서 "문화들"이라고 복수를 선택한 까닭이 이제 분명해졌다고 해도, 이런 방식의 입문서에서는 대상 영역을 개념적으로 제한해야 하는 결정에 대해 몇 가지를 언급할 가치가 있다. 먼저 비판적인 의견들이 제기될 수도 있는데, 시각문화Visual Culture 혹은 시각문화연구Visual Culture Studies(때로 시각연구Visual Studies)라는 이름의 (독자적인 학업 과정과 학술 잡지, 안내서들이 있는) 제도화된 연구 영역이 영미권 국가들과 그 외 지역에는 이미 존재하지만 독일어 명칭으로는 이에 상응하는 정립된 연구 방향이 아직 없다는 것이다. 따라서 "시각적인 문화들"에 대한 논의는 하나의 이론 설정을 완전히 다르게 구조화된 학문의 장으로 이전하는 것이라고 할 수 있다. 독일어권에도 특히 페미니즘 예술사에서 발생해 시각문화라는 이름을 달고 있는 비슷한 이론들이[14] 존재한다는 사실을 제외하고 보면, 우리가 이 책에서 안내하려는 현상들의 영역은 영미권의 시각문화와 동일한 것이 아니다. 물론 무엇보다도 이론적 정리定理의 시각에서 보면 부분적으로는 다루려는 대상이나 맥락들에 있어서 광범위한 교차점이 존재한다. 그러나 영어 개념과는 반대로 독일어로 된 명칭은 하나의 분과학문Disziplin과 혼동될 수 없다는 사실이 강령적으로 이해될 수 있다. 이 입문서는 대상 영역과 그것의 방법론적이고 이론적인 규명을 목표로 하고 있다. 특히 다소 임의적인 경계를 가진 영미권 스타일의 (내적으로 상당히 이질적인) "준準학문 혹은 사이비 분과학문"[15]의 서술은 부차적인 의미만 지닐 뿐이다. 따라서 이 책은 문화학적 관점(입장)에서 시각적인 것들의 분야에 접근하려는 사람들을 위한 책이다. 경우에 따라서는 문화적인 동역학의 내부에서 시각적인 것의 역할에 대한 시선을 날카롭게 연마하고자 하는 그러한 자세를 지향한다. 영미권 시각문화의 본질적인 입장은 여기서 함께 연구될 수 있다.

시각적인 문화들에 대한 질문이 왜 영미권의 시각문화(연구)와 동일시될 수 없는가라는 물음에서 그 근본적인 이유는 연구사에서 발생한 문화 개념에 대한 강조 자체에 놓여 있다. 시각문화를 탄생시킨 영미권의 문화연구는 독일어권의 연구인 **문화학**과는 그렇게 간단히 비교될 수 없다. 영미권의 문화연구는 1950년대에 영국에서 생겨났다. 버밍엄의 현대문화연구센터Centre for Contemporary Cultural Studies에서 학자들은 전통적인 고급문화의 구상을 향해 결정적인 전선을 배치하는 가운데 다음과 같은 질문의 재평가에 몰두했다. 그 질문은, 노동자와 이주자들이 주류를 이루는 사회 속 일상적인 삶의 정체성을 형성한다는 의미에서 문화적인 것이 어떻게 적합하게 연구될 수 있는가였다.[16] 이 센터는 좌파적이었고 상호 학제적 입장을 취했으며, 따라서 대중문화에 대한 연구를 통해 이미 정립된 전공의 경계에 반대하는 것을 또한 목표로 했다. 문화는 하나의 장소가 되었는데, 여기서 정체성들은—무엇보다 상징적인 물질과 함께 노동으로서의 소비 형식을 통해—주어지거나 성립되는 것이 아닌, 오히려 교섭 가능한 것으로 이해되었다.[17](시각적 기반을 가진 이 관계에 대해서는 8장에서 다루겠다.) 마르크시즘의 유산을 상속받은 계급문제 외에도 성차와 인종, 하위문화성이 연구 주제를 위한 매개변수로서 점점 더 전면에 등장하여 이론의 생산을 촉진했다. 오랫동안 소장을 역임했던 스튜어트 홀이 특히 여기에 해당하는데, 그의 연구는 소비자를 통한 매체적인 내용의 재현과 수용에 대한 것이었으며, 그 결과로 미국에서 형성된 학업 분야로서 시각문화의 표제어를 부여한 사람이 되었다. 여기서는 무엇보다도 대상의 관점에서 그리고 사회적 성차의 구성 및 소수자와 탈식민주의적인 문제점에 대한 연구에 의해 영감을 얻어, 고전적인 예술사로부터의 분리를 중점에 놓았

다.[18]

이 연구 방향에서 가장 명석한 두뇌 중의 한 사람인 니컬러스 미르조에프의 말을 따른다면, 시각문화(연구)는 새로운 매체와 그 이용 방식에서 비롯된 사회적 문제 및 정체성에 관한 문제들을 목표로 하고 있다.[19] 시각문화(연구)는 이러한 식으로 동시대가 가진 문제 제기로 향하게 된다. 이 두 방향의 비판적 문화 분석(문화연구와 시각문화)은 무엇보다도 **고급문화-하위문화** 간의 긴장관계 외에도, 탈식민주의적 정체성의 문제들 그리고 특유의 문명 이데올로기를 가지고 있는 식민주의에도 주목한다. 양자는 모두 커다란 문제의식으로부터 출발하며, 이론적-방법론적으로 매우 성찰적이다. 이러한 이유로 제시카 에반스와 스튜어트 홀은 그들이 만든 교재에서 시각문화를 문화연구에 있어서 일종의 하위 분야로 정의하고 있다.[20]

시각문화의 또 다른 저명한 대표자로는 제임스 엘킨스와 미첼을 들 수 있는데, 이들은 미르조에프보다 더 광범위하게 문제를 제기하고, 시각적 문해력visual literacy에 대한 원칙적인 문제들과 이미지로 나타나는 것에 대한 기능맥락을—미첼은 또한 역사적 차원에서도—협의하면서 추적하고자 한다.[21] 미첼의 경우에는 그의 기본 텍스트들에서 밝히고 있는 바와 같이 다음과 같은 것을 강조하는데, 언어와 그 이미지성에 대한 경계는 자연과학이나 철학적 사고의 (시각적인) 중심은유에 대한 경계들과 마찬가지로 극복되어야 한다는 것이다. 이러한 라벨 아래에서 제공되는 구체적인 학업 과정은—무엇보다 강령적인 상호학문성에 기반하여—매우 혼종적이다. 이론적 접근법들이 (이 책에서도 다룰) 어떤 표준으로 확립되었다고 해도 그렇다. 이 분야 특유의 핵심 문제들을 상기하기 위해 우리가 언급할 수 있는 또 한 명의 저명한 대표자는 이리트 로고프다. 그녀는 런던에서 시각문화를 강의하고 있으며 방법론적 선구자에 속한다.[22] 좀더 상급에 속하는 관심으로서 그녀는 의미 생산에 있어서의 비전과 시각적인 세계의 중심성을 지목하며, 문화에 있어 미학적 가치 및 성차의 전형적인 유형, 권력관계의 설립과 유지에 대해서도 관심을 보인다.[23] 그녀는 이 문제를 어떤 매체의 역사로 보거나, 예술비평 형식으로 이해하거나, 사회적으로 주변화된 것 혹은 억압된 것의 단순한 추적으로 보지 않는다. 연구해야 할 과정이 (고정된 대상들과는 전혀 달리) 상황으로서 펼쳐지는 무대는 이미지와 도구들, 경우에 따라서는 기술적인 디스포지티브와 주체들로부터 성립된다. 마지막에 언급한 주체들은 심리적인 요소들, 즉 동일시, 욕망, 거부를 함께 포함한다. 영미권 시각문화의 전형적 특징은 가부장적이고 유럽중심적이며 이성애적인 규준화의 지배로부터 탈피하는 것이며, 로고프는 이를 목표로서 천명한 바 있다.[24] 문화연구에서 이미 그랬던 것처럼 이런 접근법은 기본적으로 강력하게 개입하려는 생각을 그 특징으로 가지고 있다. 비판적인 분석뿐만 아니라, 사회적인 불공정을 변화시키는 것이 최종적으로는 목표라는 것이다. 다시 한번 미르조에프를 인용하자면 시각문화는 학문이라기보다는 "전술"이다.[25]

이상이 동시대적인 것들 그리고 좁게 설정한 문화의 측면들에 초점을 맞추었다는 것과 함께 독일 문화학과의 가장 큰 차이점이다. 독일의 문화학은 오히려 학문적인 중립성이라는 고전적인 이상을 유지하고자 한다. 비록 문화학 자신이 연구 대상에 포함되어 있다는 것을 의식하고 이 점을 비판적으로 성찰하더라도 말이다.[26] 따라서 시각문화의 방법론적 성찰은, 그것이 사회적인 투쟁보다 비판적인 분석에 더 치중할 때 우리가 논의하는 맥락과 더 큰 연계성을 보여줄 수 있다. 그러나 이 책에서는 사회적 투쟁의 문제들도 당연히 논의할 것이다.

공통 참고문헌

여기에는 전반적으로 참고할 수 있는 주요 잡지와 단행본들만 실었다. 개별 주제영역에 대한 참고문헌은 각 장의 마지막 부분에 수록했다.

잡지

Culture, Theory, and Critique (Nottingham 2002 ff.)
Journal of visual Culture (Los Angeles 2002 ff.)
See. A Journal of Visual Culture (Cambridge/Mass. 1994 ff.)
Transcript. A Journal of Visual Culture (Dundee 1994 ff.)
Visual Anthropology (London 1987 ff.)
Visual Anthropology Newsletter, später Visual Anthropology Review (versch. Verlagsorte 1970 ff.)
Visual Culture in Britain (Manchester 2004 ff.)
Visual Sociology Review (Potsdam, N.Y. 1986-2001)

인터넷 사이트

Antennae. The Journal of Nature in Visual Culture (2007 ff.)
Invisible Culture (1998 ff.)
Material Culture/Visual Culture Working Group (1998 ff.)
M/C (1998 ff.)
Modernity. A Critique of Visual Culture (1999 ff.)
Shift. A Graduate Journal of Visual and Material Culture (2008 ff.)

단행본

Malcolm Barnard, *Approaches to Understanding Visual Culture*, New York 2001.
John Bird u.a. (Hg.), *The Block Reader in Visual Culture*, London 1996.

Fiona Carson und Claire Pajaczowska (Hg.), *Feminist Visual Culture*, New York 2001.
Whitney Davis, *A General Theory of Visual Culture*, Princeton 2011.
Margaret Dikovitskaya, *Visual Culture. The Study of the Visual after the Cultural Turn*, Cambridge/Mass. und London 2006.
"Questionnaire on Visual Culture", in: October, Sommer 1996 (Sonderheft der Zeitschrift).
Gen Doy, *Black Visual Culture. Modernity and Postmodernity*, London und New York 2000.
James Elkins, *Visual Studies. A Skeptical Introduction*, New York und London 2003.
Jessica Evans und Stuart Hall (Hg.), *Visual Culture: The Reader*, London u.a. 1999.
Ian Heywood und Barry Sandywell (Hg.), *Interpreting Visual Culture. Explorations in the Hermeneutics of the Visual*, London und New York 1999.
———, *The Handbook of Visual Culture*, Oxford 2011.
Tom Holert (Hg.), *Imagineering. Visuelle Kultur und Politik der Sichtbarkeit*. (= Jahresring 47), Köln 2000.
Michael Ann Holly und Keith Moxey (Hg.), *Art History, Aesthetics, Visual Studies*, Williamstown/Mass. 2002.
Richard Howells und Joaquim Negreiros, *Visual Culture*, Oxford 2011.
Chris Jenkins (Hg.), *Visual Culture*, London 1995.
Amelia Jones (Hg.), *Feminism and Visual Culture Reader*, London 2003.
Zoya Kocur, *Global Visual Culture. An Anthology*, London 2011.
Christian Kravagna (Hg.) *Privileg Blick. Kritik der visuellen Kultur*, Berlin 1997.
Nicholas Mirzoeff (Hg.), *The Visual Culture Reader*, 2. Ausg. New York 2002.
———, *An Introduction to Visual Culture*, London/New York 2006.
W. J.T. Mitchell, *Bildtheorie*, Frankfurt/Main 2008.
Joanne Morra und Marquard Smith (Hg.), *Visual Culture. Critical Concepts in Media and Cultural Studies*, 4 Bde., London/New York 2006.
Sigrid Schade und Silke Wenk, *Studien zur visuellen Kultur. Einführung in ein transdisziplinäres Forschungsfeld* (= Studien zur visuellen Kultur 8), Bielefeld 2011.

Tony Schirato und Jen Webb (Hg.), *Understanding the Visual*, London u.a. 2004.

Marita Sturken und Lisa Cartwright, *Practices of Looking. An Introducion to Visual Culture*, New York 2001.

| 2장 |

역사적인 눈

시각성은 시대의 징표인가?

〔그림 1〕 히에로니무스 보스, 「일곱 가지 대죄와 네 가지 종말」, 1480년경, 마드리드 프라도 미술관 소장.

지난 시대를 돌아보면 역사적 거리로 인해 무엇이 특정한 시각문화를 만드는지 분명해질 때가 있다. 따라서 첫 단계로 과거 '문화'를 들여다보면서 그 시각성의 함의들을 살피는 게 합리적이다.(물론 그에 따르는 단순화의 문제점도 논의할 것이다.) 이 장에서는 함께 작용하는 측면들의 스펙트럼 전체를 개괄적으로 보여주고, 후속 장에서 그 측면들을 일부 분리하여 새로운 맥락에서 다루려고 한다. 이론 설명과 특정 논의에 대한 개관이 나오는 뒷장에서는 이따금 초반에 소개한 예시들의 비중이 부득이 줄어들 것이다. 따라서 영미권의 시각문화에 대한 전형적 비판에서 볼 수 있듯이, 어디서나 동일하고 익숙한 패턴만 접하기보다 정말 해당 문화 고유의 특성을 이해하기 위해서는 특히 세부적 전문지식이 필요하다는 점을 이 장에서 예를 들어 분명하게 보여주려고 한다.

많은 그림이나 대상은 사실상 시각문화를 결정하는 다양한 측면이 얽힌 결합체인 것으로 드러나고 있다. 그림이나 대상들은 문화 전체를 압축하여 보여주는 재현물로 나타난다. 그런 대상들 중의 하나가 히에로니무스 보스의 작품으로 알려진 「일곱 가지 대죄와 네 가지 종말」이다. 이 그림은 중앙에 있는 압도적인 커다란 원이 마치 눈처럼 모든 관찰자의 시선을 사로잡는다. 정확히 말하면 동심원 네 개가 함께 작용

함으로써 우리는 그것이 눈이라는 것을 쉽게 알아볼 수 있다. 동공에는 자신의 상처를 가리키는 수난의 그리스도 반신상이 있다. 그림 네 모퉁이에 눈이라고 볼 수 없는 작은 원들이 있지만, 그럼에도 이 해석이 화가의 의도와 일치한다는 것은 세 개의 제명이 보증한다. 그중 가장 중요한 제명은 금색 바탕에 붉은 글씨로 중앙의 그리스도 상을 둘러싼 원에 적혀 있다. "주의하라, 주의하라. 주님이 보고 있다Caue caue d[omi]n[u]s videt." 여기서 바깥으로 쏟아지는 128개의 광선은 "태양의 눈"을 연상시킨다.[1] 이 부분이 이른바 하느님의 눈의 홍채라고 한다면, 수정체에는 대죄를 묘사한 일곱 장면이 반사되어 있다. 하단 중앙부터 오른쪽 방향으로 열거하자면 분노, 교만, 음욕, 나태, 탐식, 인색 혹은 금전 탐닉, 질투다.[2] 이 원형 배열은 순환을 연상시키고 적어도 보편성을 상기시킨다. 그와 동시에 원형은 인간들의 '세상'이기도 하다. 그들은 지극히 세속적인 욕망과 정념의 우스꽝스런 쳇바퀴 속에서 살아간다. 이 죄악으로 가득한 현세의 삶 바깥쪽에는 네 가지 종말이 배치되어 있다. 사제와 수사와 수녀가 지켜보는 임종 장면, 상처 입은 수난의 그리스도가 다시 등장하는 최후의 심판, (제목이 명시된) 모든 죄악이 일일이 단죄되는 지옥, 그리고 베드로와 대천사 미카엘이 천국 문을 지키는 하늘에 있는 하느님의 집이다. 결국 이 작품의 주제는 신앙인이 죄악을 멀리하기 위해 중앙에 묘사된 그리스도의 희생과 함께 언제나 눈앞에 그려보아야 하는 세속적 삶의 마지막 지평이다. 그러니까 위의 눈은 눈의 문화가 가지고 있는 세계상과 특정한 행동규범을 똑같이 보여준다. 그 행동규범들은 지극히 실용적인 동시에 말 그대로 눈앞에서 보는 듯 생생하다.

눈의 상단과 하단 띠에 적힌 나머지 제명 두 개도 보는 행위를 주제로 삼는다. 자세히 관찰하면 제명들은 성서 신명기의 구절을 인용하여 모든 것을 보는 하느님의 시선과 인간의 (보는) 행위를 연결하고 있다. 상단의 제명을 번역하면 이렇다. "정녕 그들은 소견이 없는 백성이며 슬기가 없는 자들이다. 그들이 지혜롭다면 이것을 이해하고 자기들의 끝이 어떠할지 깨달을 텐데(신명 32: 28 이하)." 하단의 제명은 이런 뜻이다. "나는 그들에게서 나의 얼굴을 감추고 그들의 끝이 어떻게 되는지 지켜보리라(신명 32: 20)."[3] 하느님이 지켜보지 않는 자는 파멸한 인간이다.

하느님의 눈은 거울처럼 온 세상을 담고 있다. 중세의 '거울' 개념에서 그랬듯이 관찰자는 눈의 중앙에서 이상적인 인간을 본다. 그것은 그가 끊임없이 바라보며 지향해야 하는 모범이다. 보스도 알고 있었던 당대의 어느 종교 논문에는 이렇게 적혀 있다. "눈 중의 눈은 흠 없는 거울인 예수 그리스도다. 누구든지 그를 바라보면 제 얼굴을 볼 수 있다."[4] 보스의 이 그림에도 바라보는 행위의 복합적인 구원의 논리가 마치 거울에 비춰 나타나듯이 하나로 묶여 있다. 지금 우리가 다루는 것은 단순히 한 시대가 가지고 있는 특정한 바라봄의 관계를 징후적으로 보여주는 그림 이상의 무엇이다. 이 그림은 인간을 바라보는 하느님의 눈과 시선으로 묘사됨으로써 실제로 그림과 눈빛이 교환되는 순간에 명령을 작동시킨다. 그림은 놀라우리만치 포괄적인 보는 행위의 질서를 관철하는 **행위자**다. 이 부분에서는 여러 개의 제명도 무시하지 못할 역할을 하고 있다. 그러므로 이런 질서는 당연히 '시각문화visuelle Kultur'라고 부를 수 있다. 시각문화는 그 구성원들이 묘사된 내용을 적절하게 해독하고 특정 담론과 연결할 수 있을 뿐만 아니라, 특정한 수용 태도까지 내면화했다는 특징을 가지고 있다. 그에 따라 이런 그림들은 관조적인 그림으로 여겨졌다. 연구에 의하면 스페인 왕 펠리페 2세도 16세기 후반에 이 그림을 명상의 도구로 보았다고 한다.[5] 문헌에는 이 그림이 원래 테이블 상판이었다는 기록까지 보인다. 근대 이전의 기독교적 시각문화의 특징은 훈계하는 그림과 금언들이 예술품으로서 벽에만 걸려 있지 않고 일상 세계에 침투하여, 거의 곳곳에서 만나볼 수 있었다는 데에 있다.

"주님이 보고 있다." 여기에는 목적어가 없다. 다시 말해, 하느님은 죄악과 관련해서는 아무것도 감춰지지 않는 지속적인 바라봄으로 정의되었다. 중세 기독교 세계는 마음속까지 꿰뚫으며 모든 것을 볼 수 있는 하느님이 스며들었던 세계다. 인간이 이 바라봄과, 그림에 일일이 묘사되었듯이, 그에 따른 결과를 내면화했다면 죄를 짓지 않을 것이다. 죄를 짓는다는 것은, 낙원의 아담과 하와가 그랬듯이, 하느님이 보지 않을 거라는 착각에 빠짐을 뜻한다. 그림 속의 눈은 이 배척되었던 바라봄의 행위를 현실인 양 작동시켜 정화 효과를 내고 있다. 하지만 그것은 단순한 위협이 아니다. 관찰자는 중앙에 그려진 그리스도의 부당한 희생을 통해서만 자신이 구원받을 수 있음을 알고 있는 것처럼, 자신을 바라보는 하느님의 눈길을 통해 은총도 경험한다. 니콜라우스 쿠자누스는 1453년에 저술한 『신의 바라봄De visione Dei』에서 이 상황을 강조한다. 죄인은 하느님과의 시선 교환을 멀리한다고 텍스트에 적혀 있다. 그러나 그가 다시 하느님에게 돌아가면 "하느님은 지체 없이 달려와 그가 하느님을 보기도 전에 사랑 가득한 아버지의 눈으로 그를 자비롭게 바라본다. 하느님의 자비로움은 다름 아닌 하느님의 바라봄이다."[6] 하느님이 우리를 바라보고 있음을 안다는 것은 구원의 희망을 품을 수 있다는 것을 의미한다. 그 구원은 결국 종말에 이루어지는 시선 교환, 이른바 지복직관visio beatifica으로 귀결된다. 지복직관은 하느님의 신성 안에서 그를 눈으로 경험하는 것을 말한다. 오른쪽 하단 원에서 천국 궁전의 왕좌에 앉아 있는 그리스도를 천사들만이 아니라 구원받은 이들까지 **얼굴을 마주하고**[7] 바라보고 있듯이, 기독교는 천국에서 완성되는 존재의 실현을 순수한 바라봄의 행위로 상상한다. 따라서 보스 그림의 핵심인 그리스도와의 시선 교환, 그것도 "연민의 상imago pietatis"으로 묘사된(이는 관찰자와 수난당하는 그리스도 간의 **상호** 연민을 뜻한다) 그리스도와의 시선 교환은 내세에서 받을 은총을 미리 접하는 것이다. 물론 그리스도는 현세에서 유일하게 가능한 모습인 인간적이고 수난받는 형상으로 그려져 있다. 이와 동시에 그리스도의 고통을 연민으로 바라보는 시선은 정죄 가능성과 내세에 들어갈 자격으로 해석되었다. 그림을 바라보면 죄가 씻긴다는 사상의 이면에는 물체에서 눈으로 들어오는 광선, 이른바 광선의 진입Intromission을 통해 물체를 바라보는 과정에 준準신체적 변화를 가정한 중세 후기의 광학 이론이 자리하고 있다.[8] 그러나 이 이론이 결별을 선언했던, 눈에서 광선이 나간다는 과거의 방출Extromission 이론은 "'사악한' 시선 혹은 마음에 상처를 입히는 화살 모양의 사랑의 시선 같은 개념들에 계속 영향을 주었다."[9] 시대에 뒤떨어진 전통적인 과학적 광학 모델조차도 감정의 작용, 미신, 종교적 관념들과 문화적으로 연결되어 있는 것이다. 오늘날 우리가 단순한 은유로 여기는 많은 것은 곧바로 효력을 상실하지 않은 '과학적' 개념들의 잔재다. 시각문화의 연관성을 규명할 때는 담론들 간에

주고받는 영향과 비동시성이 결코 사소한 문제가 아니다.

위 그림의 주제가 그리스도에게 계속 초점을 맞춘 상태에서 모든 것을 보는 하느님의 시선을 내면화하는 것이라면, 더 나아가 죄악을 도덕적 눈으로 깨닫고 멀리하려고 노력하는 것이라면, 이 그림은 시각적 권력구조까지도 아주 분명하게 일깨우고 있다. 죄악이 만연한 세상은 그보다 상위에 있는 응시의 권능자에 의해 잘못된 생각 하나하나까지 모두 감시당한다는 것이다. 이 권력은 그것이 그림 속에 재생산됨으로써 작동하기도 하지만, 본인이 관찰되고 있다는 것을 아는 이들의 체득을 통한 내면화와 독자적인 훈련을 통해서도 효력을 낸다. 이로써 개인의 양심은 무엇보다 종교적 관찰 효과의 산물이라는 것이 증명되고 있다. 여기서 구체적으로 수난의 그리스도 안에 응축된 모든 것을 비롯한 바라봄의 계율이 발전되어 나오는데, 이는 규칙적인 명상의 대상이었다. 또 다른 예로는 임종을 앞둔 이가 눈앞에 제시된 수난의 그리스도 십자가상을 바라보는 장면이 있다. 이는 시각적 (권력)문화가 표현되고 지속적으로 유지되는 특별한 의례이자 구체적인 퍼포먼스다. 두 경우 모두 외적인 응시의 힘을 빌려 영혼에 있는 '내면의 눈'(이것도 시각적 은유로 설명된다)과 시선을 맞추는 것, 즉 하느님의 눈을 바라보는 것이다. 중세 후기에 널리 유포된 프란체스코회의 명상집 『그리스도 일생에 대한 묵상록Meditationes Vitae Christi』에는 이렇게 적혀 있다. "양심의 상처를 치유하고 마음의 눈을 깨끗이 닦는 일에서 그리스도의 상처를 열심히 바라보는 일만큼 효과적인 것이 있을까?"[10]

여기에 깨끗함과 더러움의 개념이 이유 없이 등장하는 게 아니다. 이 개념들은 문화의 중요한 구조적 특성이다. "선과 악, 정결과 부정, 성과

속, 충성과 전복 같은 2항 구분들은 질서와 체계를 문화적 세계에 도입하기 때문이다."[11] 인류학자 메리 더글러스는 원래부터 부정한 것은 없다고 강조한다. 부정한 것은 존재하기 위해 특정 사물에 특정한 자리를 배정하고 참과 거짓을 정의하는 문화적 질서의 결과라는 것이다. 혐오감이나 역겨움, 매력과 매혹, 아름다움에서 받는 인상 같은 개인적 감정들도 양심의 문제와 비슷하게 문화적 질서와 밀접한 연관이 있을 수 있다. 이런 문화적 질서는 특히 아비투스나 논란의 여지가 없는 통념이나 습관의 형태로 작용한다. 따라서 우리는 '죄악'도 직관적으로 잘못된 것으로 느낀다. 그림에 있는 '죄악들'도 자연히 눈이 짓는 죄악이 대부분이다. 이 점은 이미 원죄가 보여준 바 있다(창세 3: 6). "여자가 쳐다보니 그 나무 열매는 먹음직하고 소담스러워 보였다. 그뿐만 아니라 그것은 슬기롭게 해줄 것처럼 탐스러웠다." 그림 속 묘사들을 관찰해보면 여러 가지 잘못된 시선이 눈에 띈다. 묵주는 여러 번 묵살하고 이성에게 가 있는 시선, 남의 재산을 탐하는 시선, 술 단지를 바라보는 시선, 사모하는 여자에게 그저 잘난 체하고 싶었던 무방비 상태의 술 취한 천민을 극도의 분노로 노려보는 시선들이다. 시선은 '육욕적'이다. 다시 말해 육체적 행위이며 확실히 욕망과 관계가 있다.

바라봄이 죄악의 근원이라는 것은 교만superbia을 묘사한 장면에서 훨씬 뚜렷해진다(그림 2). 교만은 모든 죄악의 뿌리로 인식되었다. 젊은 여자가 거울에 비친 제 외모를 바라본다. 이 거울은 그림 전체가 상징하는 거울 개념의 반대 개념으로 볼 수 있다.[12] 흥미롭게도 여자는 욕망의 시선을 규제하는 사회적 장치인 두건을 바로잡으면서 자기 미모에 빠져 죄를 짓고 있다. 보스의 사회 비판은 바로 의례화된 혹은 사물화

〔그림 2〕「일곱 가지 대죄와 네 가지 종말」 세부 장면

된 시선 규제의 외면적 형식에서 시작된다. 이 외면적 형식은 시각적 청결이 갖는 내면의 목표와 '악마적' 괴리를 보일 수 있다. 이 상황은 악마가 거울을 들고 있는 대목에서 강조된다. 악마는 이 논리를 부각시키려고 그 스스로도 두건을 쓴 모습이다. 특히 이런 남녀 고유의 시선 역할 배정은 당연히 문화적 제약을 받는다. 여기서 행동 규범이 탄생하여 몸가짐의 영역으로까지 확대되었다. 르네상스 시대에 이르러서도 여자는 조신하게 아래를 내려다보며 남들의 시선을 피해야 했다. 위 그림에서 볼 수 있듯이, 여기서 다시 의복과 창살 같은 특유의 **물질문화**가 발생한다.

우리는 지금 중세 후기에 테이블 상판으로 쓰였던 단 한 점의 역사적 그림이 시각문화를 구성하는 다채로운 관점들을 하나로 묶어놓은 것을 보고 있다. 모든 곳에 스며들어 내면화된, 시선과 권력의 결합, (남녀 고유의) 시선 규율과 금제, 의례, 거기에서 탄생한 물질문화, 그림과 그림의 사용처, 광학적 은유, 나아가 종교와 생리학이 공유했던 원리들을 볼 수 있다. 그러나 이 외에 또 하나의 차원, 은폐된 것에 가까운 차원을 언급해야겠다. 바로 주체 형성의 차원이다. 프랑스 철학자 루이 알튀세르가 그랬듯이, 우리가 기독교를 이데올로기의 대표적 사례로 이해한다면 위 그림도 주체 형성 문제를 다루고 있다. 알튀세르는 『이데올로기와 이데올로기적 국가장치』라는 책에서, 이데올로기가 권력 집단에 의해 조종되거나 소외된 삶의 조건에서 발생한, 세계에 대한 허위의식이라는 초기 정통 마르크스주의 개념의 단순함을 도발적이면서도 강력하게 제거했다. 알튀세르에 의하면 이데올로기는 도리어 피할 수 없는 것이며 어느 누가 의도적으로 조종하지도 않는다. 모든 인간과 모든 문화는 이데올로기에 매달린다. 이데올로기는 "개인이 현실적 존재 조건과 맺고 있는 상상의 관계"[13]다. 알튀세르는 이데올로기가 단순히 사상에 불과한 것이 아니라 끊임없이 물질성을 취한다고 말한다. 이데올로기는 개인이 철저히 의식적으로 실천하는 관습과 의례 속에 구현된다. 여기서 핵심은 이데올로기가 언제나 주체들에 의해 탄생하기도 하지만, 그와 동시에 개인을 주체로 "호명interpellation"[14]하여 그 개인을 처음으로 주체로 만든다는 사실이다. 인간에게 이데올로기가 없으면 그 자신이(그리고 일상의 현실도) 사라지는 것과 다름없다는 것이 이데올로기가 가진 위험성이다. 인간이 자유롭고 도덕적인 주체라는 느낌은 누구나 분명하게 가지고 있지만, 이 자명성은 바로 이데올로기의 효과다.[15] 그와 동시에 우리는 누구나 그런 과정이 작용하는 실제 순간에는 그 이데올로기적 성격을 항상 부인하는 이데올로기 바깥에 서 있다고 믿는다.[16]

이 부분에서 시각문화 문제와의 유사점이 두드러지게 부각되는데, 이 문제는 우선 자연성의 외피부터 벗기고 보아야 한다. 시각성과 이데올로기는 서로 어떻게 연결되어 있을까? 알튀세르의 개념을 앞의 그림에 적용해보자. 하느님의 눈과 성서의 내용은 그림을 바라보는 개인에게 효력을 발한다. 그 둘은 개인에게 직접 말을 건다. 그리고 이런 '호명'은 다른 많은 실천이나 의례들과 함께 개인을 불멸의 영혼으로, 죄인으로, 양심을 가진 인간 등으로 구성한다. 이 과정은 이미 탄생과 더불어 시작된다. 가장 확실한 예가 개인이 교회로부터 이름을 받는 세례식일 것이다. 훈계의 눈길로 바라보는 행위, 그리고 이데올로기의 시각적 구성틀 자체는 단순한 언어적 호명보다 더 직접적인 효과를 내는 것

같다. [그림 1]과 그 배후에 숨은 이데올로기에 담긴 전체 논리는 이렇다. 네가(죄인으로) 관찰되고 있음을 지각하라! 내가 얼굴을 돌려 너를 **바라보지 않으면 너는 파멸한 것이다!** 보스의 그림은 그림을 바라보는 개인을 개별적으로 호명하는 데 많은 노력을 쏟고 있다. 수난의 그리스도도 이렇게 말하는 듯하다. "바로 너를 위해 나는 이 피를 흘렸다."[17] 그리고 이렇게 말함으로써 주체로서의 관찰자에게 그가 태어나기 전부터 하느님에 의해 "창조"되었으며 이후에도 평생에 걸쳐—모서리에 그려진 네 가지 종말에 주목하라—하느님의 보호를 받는다는 점을 분명히 진하고 있다. 알튀세르에 의하면, 하느님은 자신을 일컬어 모세에게 "나는 곧 나다"[18]라고 말할 수 있을 정도로 "유일하게 절대적인 다른 **주체**(S)"로 정의된다. 또는 "하느님이 보고 있다"로 정의된다. 다른 정의는 없다. 위 그림에서 하느님은 눈꺼풀이 없이 눈만 있는 형상이고 세상처럼 둥근 모습이다. 니콜라우스 쿠자누스가 적었듯이, 하느님은 쉬지 않고 모든 방향을 동시에 바라보기 때문이다.[19] 위 그림은 알튀세르가 기독교 이데올로기에 대해 요약한 다음의 발언을 아주 핵심을 짚어 증명하는 것 같다. "모든 이데올로기는 **중심을 지향**한다. 절대적 **주체**(S)는 유일한 중심의 자리를 차지한 채 그 주위에 있는 수많은 개인을 주체(s)로 호명한다. 그런데 그 둘의 관계는 이중거울과 같다. 즉 한편으로는 주체들(s)을 **주체**(S)에게 **종속**시키지만, 다른 한편으로는 각 주체가 자신의 (현재와 미래) 모습을 보는 **주체**(S)안에서 그것이 정말 주체(s)와 **주체**(S)의 관계라는 것, 그래서 결국엔 (…) '하느님이 자신의 백성을 **다시 알아보리라는 것**', 다시 말해 하느님을 인정하고 그를 다시 알아본 자들은 구원받는다는 것을 보장한다."[20] 시각적으로 전달된 이데올로기는 그 구성원들을 **주체들**로 각인하고 **생산**한다. 알튀세르가 언어적 '호명'이라는 은유를 사용하면서도 결국엔 비교할 수 없이 강력한 효력을 내는 거울과 이미지 문제에 도달한 것은 특기할 만하다. 이데올로기와 이데올로기 비판에 대해서는 뒤에 가서 다시 논의하겠다. 여기서는 일단 다음의 사실을 확인해두겠다. 특정 문화는 언제나 이데올로기(또는 그것의 실천)이기 때문에, 우리가 해당 문화 속에서 활동하는 한은 그 이데올로기적 차원에서 문화를 인식하기가 어렵다. 더구나 그 문화가 스스로 자신의 이데올로기적 성격을 부인할 때는 더 그럴 수밖에 없다.

반면에 역사적 거리는 조망을 약속한다. 그렇다면 [그림 1]이 일깨우는 바라봄과 시선 작용의 역사적 징표는 무엇이며, 그럼으로써 명확히 구분 가능한 '문화적' 징표는 무엇일까? 바라봄을 둘러싼 계율과 금제들은 분명히 '자연적'인 것이 아니라 특유의 원리, 신념, 관습, 공간, 대상, 의례들과 다양한 방식으로 연결되어 있다. 알튀세르의 말을 빌린다면 이데올로기와 그 실천 및 장치들과 연결되어 있다고도 할 수 있다. 앞에서 드러났듯이 바라보는 행위는 아주 특별한 방식으로 영혼, 양심, 내면의 정화 같은 개념들과 묶여 있고, 신앙이나 욕망 문제와도 연결된다. 시각은 개인이 현실 세계나 초월성과 맺고 있는 관계에서 종교적 소통과 핵심적 은유 제공이라는 '주요 매체'의 기능을 담당하지만, 그 역할이 모든 문화에서 동일한 것은 아니다. 여기서 제시된 종교적 맥락을 넘어 이야기해볼 수도 있겠다. 문맹이 많았던 중세 사회에서 태생적 우월함을 부여받은 지배층은 가시성, 의례, 시각적 질서에서 드러나는 의미들을 필요로 했다. 중세를 연구한 학자들은 보는 행위의 강조가 근대나 현대의 징표라는 논리에 반박했다. 시각문화 진영에서 이 논리를 대표하는 사람은 니컬러스 미르조에프다. 사실 이런 일괄적인 특성 귀속은 위의 예가 보여주듯이 중세 후기의 특별한 시각성에 대한 연구 결과와 맞지 않는다.[21]

과거를 돌아볼 때 어느 문화가 시각성의 측면에서 하나의 단위로 묶이더라도, 세부적으로는 복합적인 전체를 다시 흐트러뜨리는 수많은 부분적 경계 짓기와 지속적인 수정의 시도들이 눈에 띈다. 문화는 언제 어디에서 시각성과의 관계를 대폭 재편하겠다는 결정을 내릴까? 앞에서도 보았듯이, 어떤 특정한 시각 모델과의 단순한 학문적 결별만으로는 충분치 않다. 종교가 유지되고 그 주요 저작들이 계속 나오면서 보는 행위를 둘러싼 기독교의 수많은 은유와 규범들은 지금까지도 유효하다. 그중에는 몸을 가리는 복장이나 남녀유별이 연상되는 이슬람 같은 다른 '문화들'에서 통용되는 규범도 많다. 또한 그런 게 있을 줄 짐작도 하지 못한 장소에서 통용되는 것도 있다. 현재 뉴욕 시에는 남자가 여자 뒤꽁무니를 쳐다보는 것을 금하는 법이 아직도 존재한다. 이 법을 어기는 사람은 말에게 씌우는 눈가리개를 강제 착용해야 한다.[22]

보스의 그림에 드러난 시각문화는 어디에서 시작되고 어디에서 끝날까? 미술사학자 신시아 한은 중세에 그림이나 '신성'을 대했던 두 종류의 종교적 바라봄을 구분한다. 하나는 중세 전기의 일별glance이다. 짧고 불분명하게 순간적으로 작용하는 시각 체험을 말한다. 또 하나는 중세 후기의 응시gaze다. 즉 훈련과 다방면의 준비를 거쳐 명상으로 진행되는 침잠이다.[23] 후자는 수난의 그리스도와의 시선 교환 그리고 그 이면에서 작동하는, 거울을 바라보듯 명상과 정화를 하라는 명령에서 발견된다. 그 외에 종교사학자들은 중세 후기에 성체와 성물 등을 바라보는 행위에서 진정한 '응시의 경건함'을 확인했지만, 최근 연구들은 이런 일괄적인 꼬리표 붙이기의 타당성에 의심을 보내고 있다.[24] '중세'를 연대기적으로만 나누지 않고 사회적으로도 세분하여 시각성의 차이들을 살피면 다른 구분도 가능해진다. 일례로 성직자들로 구성된 "텍스트 공동체"와 "귀족들의 근본적인 구술문화 및 수행적 문화"[25]를 구분하는 식이다. 이는 보스의 작품 전체로까지 들어가 추적할 수 있다. 앞서 예로 든 그림은 그 안에 담긴 분명한 말 걸기와 제명들이 보스의 다른 그림들 속 의도된 애매모호함이나 환상 효과와는 아주 뚜렷이 대비된다. 그가 하위문화라고 불러도 무방한 특정한 귀족적, 인문주의적 환경을 위해 제작한 많은 그림들이 바로 이 애매모호함과 환상 덕분에 매력을 발산한다. 키스 먹시는 1994년 당시로서는 신상품이나 다름없던 "시각문화Visual Culture"라는 이름을 붙인 강령적 논문에서, 이런 특별한 시각문화를 위한 그림들의 특징은 바로 의도된 해독 불가능성이며, 이것이 작가의 환상 구사 능력을 처음으로 전면에 부각시켰다고 주장했다.[26] 먹시의 해석법이 옳다면 경계 짓기의 가능성은 더 복잡해진다. 왜냐하면, 앞에서 접한 훗날의 펠리페 2세처럼 신앙심 깊은 엘리트를 볼 때, 단순히 소속 계급에 따른 구분만으로는 충분치 않을 것이기 때문이다. 중세처럼 동질적이라고 하는 역사적 형성물에서도 우리는 시각문화의 다양성을 분명하게 확인할 수 있다. 그리하여 학자들은 중세 같은 거대한 시대의 시각문화에 **단일한** 윤곽을 그리겠다는 생각에서 불가피하게 탈피했다. 오히려 같은 시기에 존재한 여러 다양한 환경 그리고 장기간 지속된 상상의 산물들이 눈에 띈다.

그러나 보는 행위와 그 재현의 역사에서는 최소한 중심적인 패러다임 변화를 확인할 수 있을 것 같다. '보는 것'의 변화는 매체성, 재현 규범, 사고방식이 새롭게 얽혀 맞물리는 곳에서 나타난다. 중세가 지나고 등장한 새 시대는 고대로 회귀하여 인간을 중심에 놓은 인문주의와 함께 동이 텄고, 새로운 과학적 문제들, 특히 그림으로 세계를 포착하는 더 사실적인 새로운 방법을 가지고 시작되었다. 그리고 그런 방법들을 학교에서 가르쳤다. 미술사학자와 문화사학자들에게는 이 모든 측면이 한 가지 현상으로 집결되었다. 바로 원근법이다. 20세기의 가장 영향력 있는 미술사학자로 꼽을 만한 에르빈 파노프스키는 문화철학자 에른스트 카시러의 개념을 원근법에 적용하고 원근법을 '상징 형식'으로 다루었다. 상징 형식이라는 개념의 이면에는 지각 형식을 통한 세계 전유Aneignung라는 관념이 자리하고 있다. 지각 형식은 말하자면 세계에서 의미 있는 부분들을 잘라내는 방식이기에 재현 형식으로도 기능한다. 이 상호주관적 타당성을 지닌 형식들이 비로소 인간으로 하여금 세계 속의 구조들을 인식하게 하며, 사고와 행위를 통해 자신과 세계를 연관짓게 만든다. 상징 형식은 인간과 세계를 잇는 매체로서 "문화를 생산하고 우리의 경험과 의미와 지식의 양태들을 정의한다."[27] 알튀세르의 이데올로기 개념에서처럼 이 구성적 행위 역시 주체 형성에 관여한다. "자아는 처음부터 주어진 자기 고유의 형식을 대상들에 각인하기도 하지만, 자신이 대상들에 가하고 대상으로부터 되돌려받는 모든 작용 안에서 처음으로 그 형식을 찾아내고 획득한다."[28] 신화와 과학적 공식 사이에 존재하는 다양한 상징 형식은 세계와 인간을 더욱더 추상적으로 이해할 수 있게 한다. "전체적으로 보면 문화는 인간의 지속적인 자기해방 과정으로 기술될 수 있다. 이 과정에서 언어, 예술, 종교, 과학은 각기 다른 단계를 형성한다. 그 모든 단계들에서 인간은 새로운 힘을 발견하고 증명해 보인다. 그 힘이란 자기 고유의 '이상적' 세계를 세우는 힘이다."[29]

카시러에게 예술은 대상을 선택하여 의미를 생산하는 객관화 과정이었는데, 만일 우리가 상징 형식의 개념을 카시러처럼 예술 전체에 적용하지 않고 파노프스키처럼 원근법에 적용한다면, 기술적인technisch 그림 구성법을 통해 문화 특유의 방식으로 세계에 접근하는 동시에 주체 형성도 실천할 수 있는 가능성이 생긴다. 물론 이렇게 하려면, 파노프스키가 최소한 어느 정도는 실천했듯이, 원근법을 '자연적인 상태 그대로' 바라보는 방식에 대한 성공적 접근법으로 파악하지 말고 (문화 특유의) 구성으로 이해해야 한다. 다시 알튀세르에 기댄다면 이렇게 말할 수도 있겠다. "원근법은 우리가 이데올로기라 부르는 것의 그림이다. 그것은 보편적이고 자연적인 코드의 가면을 쓴 역사적, 문화적 구성이다."[30] 이 의견에 동조한 미술사학자이자 이미지학자인 한스 벨팅은 파노프스키처럼 원근법에서 공간 사유의 변화를 읽어낸 게 아니라 시선 혹은 그림으로 변한 시선을 새로운 구성물로서 부각시켰다. "원근법은 광범위한 효과를 낸 문화기술이었다."[31] 그리고 원근법은 "폭넓은 토대 위에서 지속적인 효과를 내며 근대의 시각문화를 변화시켰다."[32]

다시 말하면, 원근법은 특정 시대의 징표이며, 경험적 세계 접근법을 모색하던 과학자와 건축가와 예술가들로 이루어진 특정 환경의 징표다. 그러나 원근법은 새로운 인문주의에서 탄생했던 바와 같이 역으로는 상징 형식으로서 근대 인간이 처한 주체의 위치도 결정지었다. 관찰자는 보이는 것과의 관계에서 특권적이고 이상적인 위치를 점한다. 그림은 원근법 덕분에 오직 관찰자를 위해서만 그려진 것처럼 보이며, 관찰자에게 이 세계 너머에 있는 아주 특별한 관점도 부과한다. 따라서 근대의 주체는 은연중에 세계와의 관계에서 어느 정도 보스의 그림 속 하느님의 그것과 비교될 만한 위치를 점한다. 물론 모든 방향을 동시에 볼 수 없다는 뚜렷한 한계는 있다. 그러나 이와 동시에 주체는 인위적인 방식으로 세계에서 끌려나온다. 다시 말해 두 눈을 움직여 바라보는 신체적 과정에서 빠져나와 고정된다. 그래야만 주체의 암묵적 위치가 카시러의 의미에서 실제로 관찰자에게 포착될 수 있다. 소실점은 "바깥에서 우리가 무언가를 바라보는 주체인 양 우리 자신을 지각하게"[33] 한다. 이후 20세기에 이르기까지 우리는 '그림'을 직관적으로 원근법에 따라 포착된 시선과 동일시했다. 이는 한 문화에서 특정한 시각 패러다임이 장기간 지속되었음을 보여줄 뿐만 아니라, 16세기에 전 세계에 확산된 '그림'이라는 개념도 문화적 함의에서 자유롭지 못함을 드러낸다. 뒤에 가서 설명할 테지만, 원근법의 그림 효과를 '자연 그대로' 증명한다고 하는 장치들(사진, 필름카메라) 역시 반대로 원근법 패러다임으로부터 설계되어 나왔으며 인간의 보는 행위와 비교하면 동일한 결함들을 갖고 있다. 그에 따라 벨팅도 '그림' 이외의 다른 상징 형식들을 다른 (시각)문화에서 확인하고자 했다. 그 한 예가 아랍 문화권에서 볼 수 있는 기하학적 장식 무늬다.

원근법과 연관되는 것들은 이 외에 더 있다. 예를 들면 시각이 고귀한 가치를 지녔다는 근대 초기의 명제가 그중 하나다. 레온 바티스타 알베르티 같은 지식인들은 눈을 자신들의 문장紋章으로 삼았다. 눈은 인식에 대해 사유할 때 가장 중요한 은유였다.[34] 그러나 여러 감각의 위계를 이용해, 혹은 보는 행위의 상징적 가치를 이용해 시대의 경계를 확실히 정할 수 있을까? 보는 행위의 위상에 따라 중세와 근대라는 두 문화를 구분할 수 있을까? 지금까지 우리가 중세 후기를 '들여다 본' 결론에 의하면 회의적이라고 할 수 있다. 시각 선호는 이미 고대에도 장려되었던 오래된 사유 모델이다.[35] 어떤 담론과 어떤 실천과 어떤 사회적 집단을 연구하느냐에 따라 결과는 다르게 나올 수 있다. 예를 들어 신학적 연구나 미술사 연구에서는 흔히 루터의 발언을 맥락에서 떼어내 인용하여 중세 가톨릭이 지배한 "눈의 왕국"과 근대 종교개혁기의 "귀의 왕국"을 구분하지만 최근 반발에 부딪쳤다.[36] 시선 기능의 맥락과 보는 행위의 상징적 위상은 의심할 나위 없이 문화적이고 따라서 역사적이다. (매체와 연결된) 시각 개념들, 시선 규율, 바라봄의 은유법, 물질문화, 그림의 측면에서 우리는 늘 유의미한 특성들이나 서로 얽혀 있는 현상들과 마주친다. 미술사학자 마이클 박산달의 개념을 사용하자면 "시대의 눈period eye"과 마주하는 것이다. 그는 문화적 영향을 받는 그림 관찰자들의 주요 관심사(일례로 상인들 환경에서의 부피나 수학적 관계)처럼 역시 언급할 가치가 있는 요소들을 강조했다.[37] 그러나 시대의 눈은 근대이든 현대이든 아니면 디지털 시대이든 간에, 보는 행위의 위상을 어느 한 시대 전체의 징표로 만들기보다는 오히려 각 문화가 갖고 있는 시각성 고유의 관계와 함의들을 상호 구분하는 데 기여한다. 이런 의미에서 W. J. T. 미첼은 다음과 같이 말한다. "보는 행위의 '주도권' 혹은 '비주도권'이란 개념은 역사적 혹은 비판적 구분에 유용하게 쓰이기에는 지나치게 거친 도구다."[38]

참고문헌

Louis Althusser, *Ideologie und ideologische Staatsapparate. Aufsätze zur marxistischen Theorie*, Hamburg u. a. 1977.

Michel Baxandall, *Die Wirklichkeit der Bilder. Malerei und Erfahrung im Italien der Renaissance*, Berlin 1990.

Hans Belting, *Florenz und Bagdad. Eine westöstliche Geschichte des Blicks*, München 2008.

Suzannah Biernoff, *Sight and Embodiment in the Middle Ages*, Basingstoke 2002.

Norman Bryson, Michael Ann Holly, Keith Moxey(Hg.), *Visual Culture: Images and Interpretations*, Hanover und London 1994.

Donat de Chapeaurouge, *'Das Auge ist ein Herr, das Ohr ein Knecht'. Der Weg von der mittelalterlichen zur abstrakten Malerei*, Stuttgart 1983.

David Ganz und Thomas Lentes(Hg.), *Sehen und Sakralität in der Vormoderne* (=KultBild 4), Berlin 2011.

Robert S. Nelson, *Visuality Before and Beyond the Renaissance. Seeing as Others Saw*, Cambridge 2000.

Erwin Panofsky, *Die Perspektive als 'symbolische Form'*, Leipzig 1927.

Kathryn Starkey und Horst Wenzel(Hg.), *Visual Culture and the German Middle Ages*, New York/Basingstoke 2005.

| 3장 |

포스트식민주의적인 눈

타자의 시각적 구성

〔그림 3〕 레너르트와 란트록, 「호기심에 찬 소년」, 투니스, 1910년경

이 사진을 찍은 루돌프 레너르트와 에른스트 하인리히 란트록은 20세기 초에 동양의 여러 나라에서 수백 장의 사진을 제작했고, 이것을 원본사진, 그라비어 사진Heliogravüren,* 컬러인쇄 사진 그리고 우편엽서의 형태로 유럽에 배포했다. 그들에 의해 전달된 동양 이미지는 기존의 스테레오타입을 다양하게 변형할 뿐 아니라, 여행한 나라들에서 분명 이러한 형태로는 볼 수 없었던, 따라서 특별히 연출되었음에 틀림없는 어떤 것을 독특한 방식으로 보여주고 있다. 여기에는 완전히 벌거벗은 소년들과 소녀들, 반라의 여자들이 나타나고, 모래언덕 위의 베두인들, 오아시스를 걸어가는 형광빛의 흰 옷 입은 남자들도 있다. 혹은 끝없이 펼쳐지는 사막의 모래 위에 막대기로 "평화가 너희와 함께할지어다"라는 문장을 아랍어로 적는 한 무리의 남자들도 나타난다. 이중 선별하여 소개한 [그림 3]의 사진에서 레너르트와 란트록은 욕구와 순진함이 서로 결합되는 지극히 비사실주의적인 장면을 연출해낸다. 한 아이가 가슴을 드러낸 채 반만 옷을 걸친 소녀를 창살 틈으로 들여다보고 있고, 이 소녀는 몸을 돌리지도 않고 화가 나 흥분한 기색도 없이 그 시

* 음각판 인쇄기법

선에 응수한다. 이 사진에서 나타나는 것은 얼핏 순수한 장면처럼 보이지만, 이것은 교활하면서도 음험한 방식으로 관찰자의 욕구를 포함시키고 있다. 여기서 관찰자에게 문제가 되는 것은 단지 이 사진만이 아니라 상상, 환상, 이상으로 나타나는 동양의 이미지다. 이 사진이 관찰자에게 아무리 순수함을 주입하고자 할지라도 관찰자의 시선은 순진함과는 거리가 멀다. 여기서 중요한 것은 상호간에 매개된 다양한 점유형식이다. 다시 말해서 우리가 관계하고 있는 것은 사진의 구성과 정밀한 조명을 통해 의도적으로 연출된 욕구, 즉 이미지로 표현된 표상으로서의 동양을 전유하려는 욕구다. 더구나 특이하게 성적 측면이 강조된 형태로 말이다. 그런데 하나의 (상상적이고 동시에 구체적인) '이미지'로의 이러한 변형이 바로 동양을 미적인 시각이 아니라 권력전략적 시각에서 점유하려는, 분명히 정치적인 차원과 연결된다. 이미지들이 대단히 많은 영향을 끼치는 담론 차원의 전환은 그 과정에서 스스로 스테레오타입들을 양산한다. 이것들은 다양한 나라와 지역의 다채로운 형태의 이미지로부터 우리 눈앞에서 그리고 우리의 표상 속에서 생겨나도록 의도된 그것, 즉 동양을 비로소 만들어낸다.

미국의 문예학자이며 문화학자인 에드워드 사이드는 이에 대해 '오리엔탈리즘'이라는 개념어를 만들어냈고, 이와 동시에 동일 제목을 가진 책을 씀으로써 포스트식민주의 이론의 고전이 될 만한 명저를 내놓았다. 그런데 도대체 '오리엔탈리즘'이라는 개념은 무엇을 말하는가? 사이드에 따르면, 그것은 무엇보다 다음의 세 가지를 지칭한다. **첫째**, 오리엔탈리즘은 하나의 학문 분과로서 동양학Orientalistik을 말한다. 즉 동양의 역사, 예술, 언어 등 동양의 여러 현상을 다루는 모든 학문을 지칭하는 것이다. 이때 그 반대편을 가리키는 비교할 만한 범주가 없다는 것이 주목할 만하다. 이를테면 서양연구Okzident-Studien와 같은 것은 없다. 이유는 다음과 같다. 동양 대 서양이라는 구별은 하나의 대립관계를 산출하게 되는데, 이 대립관계를 통해 서양은 동양 대 서양이라는 구별로 생겨난 양쪽 편에 속하는 다수의 특성을 확인할 수 있게 되고, 그렇게 만들어진 영역에 각각 그 특성을 귀속시킬 수 있게 된다. 달리 표현하면, 이 구별은 평가, 판단 그리고 얼핏 본질적이라고 착각할 수 있는 특성들과 결합되는 고정된 세계상을 만들어낸다. 이리트 로고프는 시각문화에도 중요한 이 이론적 조작을 "부정적인 차별"이라고 불렀으며, 네덜란드 문예학자 미케 발은 "구별이데올로기"[1]라고 말했다. 오리엔탈리즘은 이런 식으로 서양이 스스로 자신의 세계를 개념과 표상 속에서 꾸미고, 정돈하고, 가공하도록 허용한다. 동양은 서양의 타자로서 나타나며, 따라서 서양의 음화Negativ로서 점유 가능한 것이 된다. 동양은 이른바 초시간적인 문화적 혹은 생물학적 사실들을 통해 규정될 뿐 아니라 (이성, 질서 등의) 본질적 부재에 의해 특징지어진다. 본질주의, 이질성 그리고 부재는 지배라는 개념형식의 변주형태들이다.[2] 이러한 규정행위의 배후에는 결국 자기 고유의 (집단적) 정체성을 타자와 구분 짓고 그 정체성을 긍정적인 특성들로 채울 수 있으리라는 소망이 놓여 있다.

둘째, 오리엔탈리즘은 따라서 "'동양'과 (…) '서양' 사이의 존재론적이고 인식론적인 구별에 의지하는 사고방식"[3]이다. 정치가와 작가뿐 아니라 경제학자와 군 총사령관들도 그러한 사고방식의 형성에 한몫을 담당하고 있다. 동양을 특정한 틀에 맞추어 담론적으로 해석, 평가하는 것은 다원성Pluralität을 제한하고 규범에 일치하는 것만을 인지하거나 의미 있는 것으로 선언하도록 허용한다.

셋째, 그러므로 결국 동양은 하나의 담론이며, 그것은 계몽주의 이후에 동양을 점유할 뿐만 아니라 동양을 비로소 생산해냈던 것이다. 동양은, 대상이 어떻게 파악되어야 하는가라는, 사유에 대한 하나의 규제 작용이다. 그것은 이질적인 대상들을 한 가지의 동질적인 형태로 만든다. 우리의 맥락에서 중요한 것은 (그림과 사진을 통해 묘사된) 이미지들과 동양의 이미지(표상, 환상, 스테레오타입)의 명백한 결합이다. 사진과 그림들은 예전부터 오리엔탈리즘의 생산과 전파에 중요한 역할을 담당해왔다. 지금까지의 개략적인 설명에서 드러나는 역학관계들은 '포스트식민주의'라는 학제적이고 비판적인 이론프로젝트의 관심을 끌고 있다. 포스트식민주의는 식민의 역사가 제국 지배라는 이미 종결된 역사적 에피소드가 아니라 오늘날까지 여전히 영향을 끼치고 있다는 가정에서 출발한다. 식민지화는 많은 본질주의적인 표상을 만들어냈고, 이 표상들은 가령 '인종' '유형' 혹은 초시간적인 '형태'라는 범주들을 사용하여 역사적 사실들을 자연화하려고 시도한다.

그에 반해 명백하게 미셸 푸코의 테제에 기대고 있는 에드워드 사이드는 단호하고 확고한 반본질주의자다. 그는 자연적 사실이란 없고 오로지 문화적 구성들만이 존재하며, 동양 역시 그러한 문화적 구성 중 하나라는 전제에서 출발한다. 엄밀히 말해서 나폴레옹의 이집트 원정 전에는 동양이 존재하지 않았다. 그것은 서구의 환상이다. 그리고 서구의 환상으로서 동양은 예술, 문학, 학문에 다양한 흔적을 남겼다. 동양을 모델링하고 틀에 박힌 모형으로 만드는 일이 나폴레옹과 함께 시작되며, 이러한 모형들은 이후 동양에 관한 사유, 지각 그리고 고찰에 지속적인 영향을 끼치게 된다. 동양에 관한 틀에 박힌 모형들은 가령 귀스타브 플로베르나 제라르 드 네르발의 여행기와 같은 문학 텍스트에서부터 학문적인 연구들에 이르기까지 발견되는데, 객관성을 표방하는 이 학문 연구들도 스테레오타입들을 반복하고 있다. 사이드에 따르면 동양은 "정치적인 실재 구성물"[4]이었고, 이것의 목표는 외국을 자기 고유의 것과 가능한 한 분명하게 구분 짓고, 그렇게 해서 좀더 효과적으로 외국을 통치, 지배할 수 있도록 하는 것이었다. 동양은 때로는 서양을 매혹하는 부정의 모습으로도 나타난다. 그러나 이것은 물론 그 차이점에도 불구하고 이미 알려져 있는 부정의 모습이다. 왜냐하면 그 부정성 자체가 존재하기도 전에 이미지와 표상들이 그것에 수반되고 이미 그 부정성을 만들어냈기 때문이다. 그러므로 창문 안의 소녀의 이미지는 낯설지 않고, 먼 나라에서 자기 자신의 욕구를 충족시키려는 이상에 부합한다. 그것은 철저히 연출된 것이다. 사이드는 그의 책 한 곳에서 동양을 서양을 위한 앞무대 장치라고 지칭하는데 이는 적확한 표현이다. 그에 따르면 동양은 금에서부터 향신료, 베두인들 그리고 하렘, 바자르*와 천일야화 등 많은 풍부한 무대 소도구들을 준비해놓고 있는 호화로운 연출의 일부분이다. 이 연출의 좀더 어두운 부분에 속하는 것이 이슬람교와 그 창시자인 무함마드다. 또한 오늘날 격렬하게 진행되는 몇몇 논쟁들, 가령 이슬람교와 테러의 관련성이나 이슬람 원리주의의 위협에 관한 논쟁들은 극도로 복잡하고 복합적인 상황을 얼핏 동질

* 중근동 도시의 가두시장

적인 것으로 보이는 이미지로 축소한다. 이제 그 동양에 그 이슬람교가 한데 덧붙여진다. 부분적으로는 서로 심하게 투쟁하는 여러 하위집단으로 이루어진 종교일 뿐 아니라, 정치적으로 다양하게 도구화된 이데올로기적인 구성물이기도 한 '그 이슬람교'가 서양의 매체가 가정하는 것보다 훨씬 더 복합적이라는 것이 이 대목에서는 자명한 일이다. 어쨌든 이슬람교 내의 알라위, 시아파 그리고 수니파 사이의 차이는 엄청나며, 더구나 이로써 다만 세 개의 주요 그룹만을 언급했을 뿐이다. 이에 반해 역사적이고 문화적인 복잡성을 하나의 통일적이고 도식적인 이미지로 축소하는 것은 전략의 일부분이다.[5] 그 결과 '다원성의 회복'은 시각문화들이 담당해야 할 이론적 실천의 중요한 과제가 된다. 엘라 쇼핫과 로버트 스탬은 '다중심주의적 비전polycentric vision'을 목표로 한다. 그리고 이 다중심주의적 비전에서는 "합의를 통한 서로의 상대화에 대한 견해, '시각의 전도'(메를로퐁티), 다양한 문화가 스스로의 사회적·문화적 시각이 지닌 한계를 인식해야 마땅하다는 생각"이 중심을 차지한다는 것이다.[6]

여기서 단호하게 다수로서 이해해야 하는 시각문화들에 관한 연구를 위해, 포스트식민주의의 시각에서는 여러 가능한 탐구 대상이 생겨난다. 시각문화연구에서는, 이미 각인되고 널리 퍼진 명백한 스테레오타입을 탐색하고 성찰하는 것뿐만 아니라 함축적이고 저변에 깔려 있는 본질화와 자연화의 노력들을 찾아내서 비판하는 것도 정말 중요하다. 아프리카, 아시아 혹은 남아메리카와 같은 많은 다른 영역을 제외시키고 동양에만 한정해 몇몇 역사적인 예만을 언급하면, 가령 유럽인들에게 팔린 뒤 앨범에 수집된 19세기와 20세기 초의 사진들이 가능한 적용 영역이 될 수 있을 것이다. 혹은 낭만주의(가령 들라크루아)와 19세기 프랑스의 고전주의(가령 앵그르나 제롬)에서 나타나는 하렘에서 바자르에 이르는 스테레오타입을 이미지로 변화시킨 그림들이 그런 적용 영역이 될 수 있다. 또한 몇몇 전시회(세계박람회부터 유럽에서 열린 '원주민들'의 공공 전시까지)에서 동양을 표현하는 방식들이나 혹은 광고에서 나타나는 이런 스테레오타입의 사용도 중요하다. 마지막으로 학술적인 출판물, 여행 보고서 그리고 문학 텍스트에서 나타나는 시선과 시각성의 도해 및 그것의 주제화도 큰 관심의 대상이 될 수 있을 것이다.[7] 이것들은 모두, 확고한 틀에 맞춰진 지배 가능한 이미지를 동양에 부여하는 스테레오타입들로 대거 각인되어 있는 영역들이다. 나아가 현 시대의 논쟁, 텍스트, 보고서 등에서 이러한 모델이 지속되고 있음을 밝히는 것이 시각문화 분석의 과제가 될 것이다. 식민지의 상점에서 나타난 시각문화는 몇몇 상품을 통해 오늘날까지 잔존하는데, 예를 들어 쌀, 커피 혹은 담배를 생각해보면 된다. 이미지는 주요한 메타포와 스테레오타입의 물질적 측면으로 파악될 여지가 있으며, 따라서 이미지는 때때로 이러한 메타포, 스테레오타입과 유사하게 매우 오랫동안 살아남는다.

본질화와 자연화를 함축하는 그러한 형식들을 인식하는 것이 한 가지 일이라면, 그것을 회피하는 것은 또한 그것과 별개의 일이다. 무엇보다 프랑스의 이론 전통에 기대면서 특히 푸코, 데리다, 바르트를 근거로 내세우는 포스트식민주의 이론은, 우리의 사고를 특징짓는 중심적인 구별 중 많은 것이 함축적이든 명시적이든 유럽중심적인 범주들을 가지고 이루어진다는 사실을 분명히 드러낸다. 현장조사 및 역사 기술에 관한 논문들 그리고 다른 형태의 서술에서 민족학자 프리츠 크라머가 강조한 바에 따르면, 타자에 대한 인지는 연구자 스스로 고백하고자 하고 고백할 수 있는 것보다 훨씬 더 자기인지와 관계가 있다.[8] 우리의 사고방식은, 낯선 것을 신속하게 범주화하고 그렇게 함으로써 낯선 것을 개념적으로 서양의 질서구조에 '종속시키는' 특정한 틀을 주조한다. 또한 그러한 틀에 대한 비판이 겨냥하는 것은 무엇보다, 겉으로는 인종주의와 아무 관련이 없는 것으로 보이는 우리의 사유 영역들이다. 따라서 서구 사유의 형이상학적 전제들에 대한 철저한 비판으로 자신을 이해하는 해체주의는, 서구 사유체계의 역사를 단호히 역사적이고 필연적으로 변화 가능한 구성으로 인식하는 푸코의 담론분석과 마찬가지로 중요하고 매력적인 참조이론이다. 바르트와 관련해서, 포스트식민주의 이론들은 무엇보다도 그의 책 『일상의 신화Mythen des Alltags』를 인용한다. 바르트는 이 책에서 그가 처한 현대의 신화들을 밝혀낼 뿐 아니라 특히 그것의 메커니즘을 명료하게 설명하고 있다. 그가 보기에 신화는, 역사적이고 따라서 변화 가능한 구성들을 자연적으로 주어진 것으로서 제시하기 위한 전략이다. 신화들이 비판할 만하고 또한 사회적으로 변화할 수 있는 현상들을 필연적이고 변화 불가능하며 대안이 없는 현상들로 묘사하는 한, 신화들은 뚜렷한 권력의 전략으로 증명된다. 이렇게 됨으로써 기존의 상태, 질서, 해석 틀이 고착화되고 어떤 비판에도 영향을 받지 않게 된다. 이것들을 다시 역사화하고, 그럼으로써 비판할 수 있고 공격할 수 있는 대상으로 만드는 것이 문화연구 및 시각문화연구의 핵심 프로그램이다. 이 연구는 우리의 인지 방식을 특징짓는 유럽중심적인 시각들을 인식하고, 그다음 단계에서는 그 시각들을 회피하는 것을 주요 과제로 이해한다. 이를 위해 이 연구는 우리의 이데올로기적인 선입견을 구별해내고, 중립화하며, 결국에는 극복하도록 만드는 전략들을 개발한다. 이것은 물론 실제로 행해진 것보다 더 쉽게 들린다. 겉보기에 중립적인 듯 보이는, 가령 전시나 문서 보관소와 같은 지식 생산의 형식들조차도 역사적인 거리를 두고 보면 인종주의적이거나 적어도 극히 문제가 많은 이데올로기적 규정들을 가시적으로 공표하는 것으로 나타난다. 미케 발은 뉴욕 자연사박물관을 방문한 뒤 그 방문에 대해 상세하고도 유익한 논문을 발표했다.[9] 그 박물관의 다양한 전시실을 통과하다 보면 언젠가 자연 경관들이 묘사되어 있는 일련의 거다린 디오라마와 마주치게 된다. 그곳에서는 각 지대에 전형적으로 나타나는 식물계와 동물계를 동반한 다양한 식물 유형을 만나게 되는데, 이는 체계적으로 정돈된 자연의 영역이다. 그러나 이것은 그다음으로 '자연적인' 환경 속에 있는 아프리카 '원주민'의 전시로 아무 중단 없이 넘어간다. 여기서 이 전시의 논리는 적어도 오늘날의 시각에서 볼 때 전시 구성을 지배하는 이데올로기를 노골적으로 강조해서 드러낸다. 전시 순서 마지막에 위치한 '원시적인' 문화에는 단지 하나의 발전, 더 정확히 말해서 인류의 문명으로의 발전을 분명하게 보여주는 과제뿐 아니라, 짐짓 자연과 가장 가까이 있다고 가정되는 아프리카인들에게 자연과학 박물관에서 그들이 있을 장소를 지정하는 과제가 부여되어 있다. 미국의 인기 연속극으로서 아프리카계 미국인의 식민지 과거에 관한 대중적 논쟁의 계기가 되었던 「뿌리Roots」는 여기서 직접 자연으로 연결된다. 아프리카계 미국인의 '뿌리'가, 백인들이 등장하고 나서야 비로소 문화로 변화된 역사 없는 자연 속에 놓여 있다는 사실을, 이 전시는 노골적이면서 무비판적으로 보여준다. 전시물들이 보여주기만 하고 말하지 않은 것을 구체적으로 밝혀보자면, 서양문화는 뉴욕 센트럴파크 바로 건너편의 메트로폴리탄미술관에 자리를 잡을 만큼 아프리카 문화보다 우월하다는 것이다. 이렇듯 우리는 박물관에서도 시각문화의 비판적인 분석을 통해 이론적으로 해독해내야 할 시각적인 이념 요소들을 만나게 된다.

(과거라면 식민지박물관 혹은 인종학박물관으로 불렸을 법한) 또 다른 민족학 관련 박물관인 브뤼셀의 중앙아프리카박물관은 소장품의 제시 방식뿐 아니라 소장품 자체에도 엄청나게 영향을 끼친 식민지 역사 일부를 과거의 제시 방식 거의 그대로 분명하게 보존했고, 최근 전시에서는 그것을 전시 대상으로 삼았다. 다양한 전시들은 따라서 역사와 그에 대한 비판을 한지붕 아래에서 함께 전시하는 셈이다. 방문객에게 "식민지화된 대상세계에 대한 직접경험"을 마련해주고 "그 세계를 하나의 이미지처럼 구성하려"[10] 시도했던 고전적인 식민지 관련 전시는 여기서 자기성찰적으로 연출되며, 하나의 "기호학적인 실험실"로 변모한다. 이 실험실은 해석들의 구성과 연출 그리고 시각화로 기능하는 제시 방식들을 나란히 늘어놓음으로써 구조적으로 "다중시간적 이질성"(아르헨티나의 인류학자 네스토르 가르시아 칸클리니의 개념)을 만들어낸다.[11] 이렇게 함으로써, 관찰자의 시선을 붙잡아 그를 디오라마가 보여주는 공간 속으로 풍덩 빠트려 거기에서 이데올로기적 시선의 세례까지 동시에 받게 하려 했던 원본 전시의 의도된 퍼포먼스는 철저하게 파괴된다.

전시가 시각문화 분석에서 특별히 중요한 의미가 있다는 사실은 전시들이 동시에 **확인 작업**이기도 하다는 데에 그 근거를 두고 있다. 다시 말해서 개별 대상들, 그림 혹은 공예품들의 제시 방식을 통해, 즉 그것의 연결과 결합을 통해 전시는 복잡한 해석들을 동시에 연출한다. 개별 대상들이 그저 나란히 걸리거나 놓이고 차례로 포개지며 계획 없이 못에 매달릴 수는 없다. 그것들은 읽을 수 있고 볼 수 있는 통사론의 일부가 될 수밖에 없으며 이 통사론은 필연적으로 의미론과 상징화를 야기한다. 전시는 관객들에게 해석 방식으로서 작용하는 인지 방식을 훈련시킨다. 전시는 시각적인 알파벳 교육을 수행하는 동시에 다량의 이데올로기적인, 혹은 좀더 조심스럽게 표현한다면 이론적이거나 세계관과 관련된 선입견을 관찰자에게 확고히 심어주려고 시도하는 눈의 학교다. 그 외에도 전시는 모든 것을 하나의 사물로, 다시 말해서 사람들이 전유할 수 있고, 가치를 지니며, 상징적이고 실제적인 자본의 일부인 어떤 것으로 변화시키는 특성을 가지고 있다. 이렇게 본다면 전시는 세계를 **물신화**하는 수법이다.

문화학자 티머시 미첼은 역시 동양과 연관된 이야기 하나를 보고하는데, 이 이야기는 간결한 일화를 통해 서양 세계에 대한 전시의 특별한 중요성을 명확히 보여준다. 1889년 이집트 대표단이 국제 동양학자 회의에 참석차 유럽으로 여행했을 당시 대표단은 우선 세계박람회를 방문했는데, 이중에서 이집트 문화를 다룬 전시 구역을 방문하고 나서 극도의 불쾌감을 표했다. 거기에서는 이집트 대표단이라면 당연히 그려넣지 않았을 법한 거리의 오물과 벽에 칠해진 더러운 색의 얼룩이 표현되었을 뿐 아니라, 겉보기에 얼핏 화려해 보이는 회교 사원은 순전히 겉치레에 불과할 뿐 그 뒤로는 빈 공간이 뚫려 있었다. 이 동양의 방문객들은 전시에서 받은 인상에 관해 텍스트로 보고했고, 이것들은 오늘날 역사적인 문서자료로서 우리에게 당혹감을 야기한다. 그들이 결코 거명한 적 없는 서양에서 그들은 그들 자신이 계획에 포함된 많은 전시회를 발견했을 뿐 아니라, 세계 전체가 서양에게는 마치 전시장처럼 배열되어 있고 그들이 그 전시의 구성 부분인 것처럼 생각되었다. 그들이 어디를 가든지 간에 세계는 갑자기 전시장이 되었다.[12] 문화적 시각성 내지 시각적으로 구성된 문화성에 대한 포스트식민주의적인 분석에서 전시가 갖는 특별한 중요성을 이보다 더 잘 기술할 수는 없을 것이다.

하지만 우리가 한 걸음 뒤로 물러나 공예품, 박물표본 그리고 문서자료의 수집과정을 살펴본다면, 약간 다른 모습이 나타난다. 이미 이 시작 단계부터 이데올로기적 선입견에서 자유롭지 못하다.[13] 다시 말해서 시각문화에 관한 이론에서 힘주어 강조되는바, 본질적으로 작용하는 대상들의 상대성이 나타난다. 즉 문제와 시각들이 대상에 의해 규정되는 것보다 훨씬 더 많이, 오히려 대상들이 문제와 시각들에 의해 좌우된다. 가령 독일 언어권의 민속학적인 수집에 관련된 첫 번째 대규모의 사진 목록을 살펴보면, 이 사진들이 한편으론 이론적인 근본 신념과 다른 한편으론 사회적인 사용 방식에 의존하는 명확한 기능을 가지고 있다는 사실이 드러난다. 19세기에도 여전히 과학적 사진촬영은, 수많은 개인적 사례를 수집하여 그것들을 공통된 기본 형식으로 환원하는 유형화 작업에 이용되었다. 중요한 것은 인종, 계급 그리고 생물학적인 유사성을 찾아내고 그것을 가시화하는 것이었다. 사회다윈주의와 우생학의 추종자였던 영국 학자 프랜시스 골턴은 이른바 사진을 가지고 유형들을 시각적으로 나타내는 기법을 개발했다. 이를 위해 그는 특정 집단의 초상들을 찍어 이 사진들을 다중노출을 통해 겹쳐 복사함으로써 시각적인 '평균값'을 얻었다. 이 합성 초상화 덕분에 한 인종, 나아가 특정한 범죄자 유형, 한 가족 혹은 각각의 임의적인 선택 집단의 '발현형질Phänotyp'이 생겨났다. 이 선택 집단은 동시에 시각적이고 이데올로기적인 선先규정으로 작용했는데, 왜냐하면 이에 맞춰 이미지들을 선택했기 때문이다. 사람들은 보고자 하는 것을 결국 보게 된다. 그러나 이미지 자료의 수집이 여기서처럼 종합을 목표로 하지 않고 오히려 현상의 풍부함을 목표로 하는 경우에도, 이 현상들은 (사물의) 선택 시에 이미 결정적으로 작용했던 사물의 질서를 재현하기 위해 계층과 범주에 따라 분류된다.

이데올로기적인 선입견과 그것의 확인이라는 이러한 악순환에서 벗어나기 위해 다양한 방안이 제시되었다. 가장 단순한 첫 번째 제안은, 겉보기에 당연하게 보이는 처리 방식을 자기성찰적으로 반복함으로써 비판적인 거리를 만들어내는 것이다. 그러려면 이야기들은 그 논리를 분명히 드러내기 위해서 다시 한번 새롭게 서술되어야 한다. 가령 포스트식민주의 이론가이자 영화감독인 트린 T. 민하는 "이야기들을 우리를 위해 사용하고 새롭게 서술함으로써 우리는 문화가 경험되고 조직화되는 기본 구조들을 변화 시킨다"라고 단언한다.[14]

좀더 복잡한 두 번째 제안은, 상이한 전략의 도움으로 상호적인 코멘트와 제한 그리고 비판에 도달하려고 시도한다. 이것은 브뤼셀 중앙아프리카미술관의 예에서 나타나듯이 다양한 시간층을 충돌시키고 그렇게 하여 그 시간층의 이념소들을 드러냄으로써, 혹은 예술적인 간섭이나 여러 매체의 투입을 통해 단절이 생겨나도록 함으로써 이루어질 수 있다.

세 번째 제안으로, 가령 호미 바바나 가야트리 스피박의 경우와 같이 새로운 형식의 이론 형성에서 출발하여 이미지와 전시에 관해 사유하려는 시도들은 여기서 더 나아간다. 스튜어트 홀과 마크 설리는 예를 들어 그들의 책 『다른: 하나의 역사적 문맥—현대 사진작가들과 블랙 아이덴티티Different. A Historical Context. Contemporary Photographers and Black Identity』에서 시종일관 시각화의 역사와 개인적인 경험들을 결합했다. 그런데 여기서 개인적인 경험들은 단호하게 주관적인 것으로 묘사되고, 동시에 역사 속에서 발견할 수 없는, 결국엔 역사에서조차 제외된 것으로서 기술된다. 이때 포스트식민주의와 포스트모던은 함께 나타난다. 여기서 결정적으로 중요한 것은, 이미 비판받은 바 있는 범주들을 끌어오지 않으면서 오늘날의 현재를 새롭게 그리고 다르게 사유하려는 시도다. 전 세계적으로 문화는 이주와 다문화성 그리고 혼성성이라는 특징을 지닌다. 우리가 어디를 가든 세계는 항상 두 부분으로 구분되어 있다. 한편으론 전 세계에 걸친 파급과 수용을 목표로 하는 국제주의—현대 건축의 '국제주의 스타일' 혹은 코카콜라와 맥도널드를 생각해보자—와, 다른 한편으론 자신들의 상이성을 주장하는 수많은 지역적 성격을 띤 집단이 있다. 이 집단들은 민족적, 종교적, 성적 혹은 이론적인 성격을 띨 수 있다. 이제 호미 바바는 이 포스트모던한 새로운 정체성의 유형들을 사유하고 기술하려 시도한다. 물론 전통적인 형식들로 소급하지 않으면서 말이다. 여기서 새로이 문제가 될 수 있는 것은, 동일성과 명확한 차이에 의존하는 전통 속에서 어떻게 다수의 정체성 개념들을 사유할 수 있는가 하는 것이다. 식민지적인 유산은 특히 이론들에서 발견되지만, 하위집단들을 점유하고 비난하며 종속시키는 실천 방식에서도 발견된다. '하위의', 말하자면 주변적이고 사회적으로 고립된, 정치권력에 의해 대표되지 않는 목소리들을 연구할 때, 그것들을 '본질화'하고, 제 것으로 점유하고, 거기에 초시간적인 '자연적' 정체성을 부여한다면 어떻게 그 목소리들을 연구할 수 있겠는가? 왜냐하면 본질을 가지고 있지 않다는 점, 즉 '비본질적'이라는 점으로 규정된 것만이 돌연 역사와 질서, 구조와 목표를 가진 연구 가능한 대상이 될 수 있기 때문이다. 이질성으로 특징지어지는 것이 동질적인 목소리가 되어버리는 이 불가피한 본질화 속에서 하위적인 것은 다름Alterität의 형상이고, 또 그렇게 머물러야 한다. 여기서 구성적 작용을 하는 차이는 일종의 이론적인 조정 요소로서 생각되어야 한다. 그리고 중요한 것은, 차이, 다름, 다원성 및 양가성을 진지하게 받아들이고 이것들을 축소하려 들지 않는 모델을 개발하는 것이다. 흑인과 백인, 남성과 여성, 중심과 주변, 서양과 동양, 문화와 자연, 토착적인 것과 낯선 것이라는 특징을 각인하는 구별을 넘어, 현재에 대한 경험을 강화해야 한다. 무엇보다 그것이 불확실한 지반 위에 서 있다는 사실에 의해 영향받고 있는, 그리고 그런 모습 자체로서 나타나고 전시되는 그런 현재에 대한 경험을 강화해야 한다. 그렇게 할 때에만 '포스트식민주의'의 '포스트'에 관한 언급이 의미를 만들어낸다. 과제는, "사적인 것과 공적인 것, 높은 것과 낮은 것 사이의 일반적인 경계선을 새로 긋는 일이다. 나아가 발달과 진보에 관련된 일반적인 기대에 의문을 제기하는 것"[15]이다. 이런 의미에서 또한 중요한 것은, 사이공간들, 문턱공간들, 즉 호미 바바가 "제3의 공간"이라고 칭한 어떤 것을 사유하고 탐색하거나, 혹은 탈장소화De-platzieren, 겹치기, 혼성화의 방법을 개발하는 것이다. 본격적인 장소 아님U-Topoi이 요구된다. 말하자면 양가성을 드러내고 생산적으로 만드는 비장소들Nicht-Orte이 요구된다. 다름 아닌 포스트식민주의적인 시각문화의 대상이자 처리 방식으로서.

참고문헌

Homi Bhabha, *Die Verortung der Kultur*, Tübingen 2000.

Néstor García Canclini, *Hybrid Cultures. Strategies for Entering and Leaving Modernity*, erweiterte Ausgabe, Minneapolis 2005.

Paul Hackings (Hg.), *Principles of Visual Anthropology*, 2. erweiterte Ausgabe, Berlin 1995.

Ulrich Hägele, *Foto-Ethnografie. Die visuelle Methode in der volkskundlichen Kulturwissenschaft*, Tübingen 2007.

Stuart Hall und Mark Sealy (Hg.), *Different. A Historical Context. Contemporary Photographers ans Black Identity*, London und New York 2001.

Thomas Overdick, *Photographing Culture. Anschauung und Anschaulichkeit in der Ethnologie*, Zürich 2010.

Werner Michael Schwarze, *Anthropologische Spektakel. Zur Schaustellung "exotischer" Menschen*, Wien 1870-1910, Wien 2001.

Edward Said, *Orientalismus*, 2. neu übersetzte Aufl., Frankfurt/Main 2009.

______, *Unthinking Eurocentrism. Multiculturalism and the Media*, New York und London 1994.

Ella Shohat und Robert Stam, "Narrativizing Visual Culture. Towards a Polycentric Aesthetics", in: Nicolas Mirzoeff (Hg.), *Visual Culture Reader*, London und New York 1998, 26-49쪽.

Gayatri Spivak, *Can the Subaltern speak? Postkolonialität und subalterne Artikulation*, Wien 2007.

| 4장 |

매체적인 눈

시각성에 관한 매체이론

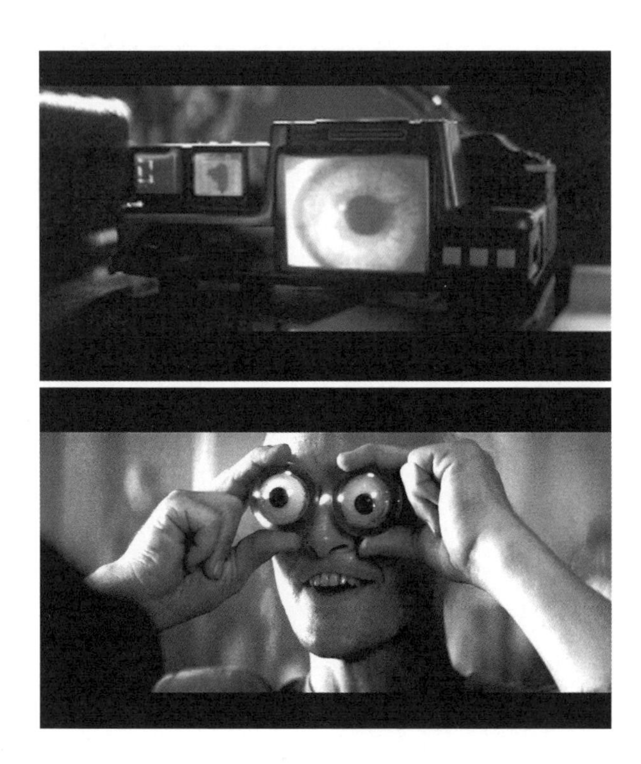

〔그림 4〕 리들리 스콧의 영화 스틸, 「블레이드 러너」, 미국, 1982

[그림 4] 스틸 컷의 장면이 담긴 리들리 스콧의 영화 「블레이드 러너」는 눈이 중요한 역할을 하는 지각에 관한 영화일 뿐 아니라 매체의 변화를 성찰하는 영화이기도 하다. 눈이 중심 위치를 차지하면서 대체로 눈과 매체가 분명한 메타포적 관계에 있는 영화들은 많이 있다. 예를 들어 「저주의 카메라」「이창」「욕망」「파파라치」「공포의 눈동자」「스토커」와 같은 사진과 관련된 영화들Photographenfilme 그리고 「3번째 눈」「아이스 오브 크리스탈」「포 플라이스 온 그레이 벨벳」(또한 다리오 아르젠토 감독의 다른 영화들)과 같은 스릴러들도 지각과 매체의 의미를 규정하는 문화적 디스포지티브에 관한 영화들이다. 그러나 이 중 어떤 영화도 매체이론과 매체기술, 매체실용의 문제라는 스펙트럼을 「블레이드 러너」만큼 폭넓게 설명하지 못한다. 디지털화가 시작될 무렵에 나왔으나 철저히 아날로그적으로 촬영된 영화 「블레이드 러너」는 매체의 변화를 성찰할 뿐만 아니라 시각문화와 관련된 '매체적인 눈'을 연구하는 데 있어 매우 중요한 많은 문제를 암시적으로 논의하고 있다. 「블레이드 러너」는 기술 복제라는 어둠의 중심부로 가는 여행이지만(그리고 이 어둠은 단지 이 세계에 태양이 더 이상 비치지 않기 때문만은 아니다), 데커드라는 이름의 주인공에게는 한 무리의 복제인간, 즉 인조

인간들을 찾아내어 그들을 폐기하는 임무가 주어져 있다. 지구가 마치 디지털 복제와 같은 기술 복제의 위력으로부터 보호되어야 한다는 듯이, 지구는 복제인간들에게 차단구역, 즉 금지된 나라다. 그럼에도 불구하고 그들은 인간과 거의 구별되지 않으며, 따로 실시되는 동공 테스트에서조차 확실한 결과에 이르기 위해서는 지식과 인내를 필요로 한다. 인간과 복제인간에게 질문을 던지면 복제인간의 눈에서는 일종의 반짝거림이 나타나는데, 이 반짝거림으로 그들을 식별할 수 있다. 즉 나의 눈을 깊이 바라보라, 그러면 네가 인간인지 아닌지 말해주겠다고 하는 것이다. 이것은 의학적, 매체적 디스포지티브에 힘입어 유일무이한 개인을 복제 가능한 사이보그와 구별하는 지각이다. 그럼에도 불구하고 복제인간들을 점점 더 인간적으로 보이게 하고 인간들을 점점 더 기술만능주의의 냉정한 모습으로 나타나게 하는 것은 영화의 특별한 전략에 속한다. 또한 데커드가 복제인간 중 하나인 레이철과 사랑에 빠지고 레이철이 데커드의 감정에 분명히 응답하는 것은 이 이야기가 취하는 특별한 전환에 해당된다. 여기에 시각매체들이 중요한 역할을 한다. 시각매체들은 한편으로 인간이라고 느끼는 감정을 만들어낸다. 즉 레이철에게는 그녀 자신의 이야기가 있다고 믿게 만드는 몇 장의 사진이 있는데, 그중 하나에서 그녀는 자신의 어머니로 추정되는 사람과 함께 있는 것으로 보이기 때문이다. 다른 한편으로 매체들은 인공적인 분위기, 즉 매체로 구성된 세계의 분위기를 만들어낸다. 「블레이드 러너」가 명성을 얻게 된 이러한 분위기는 이 시대의 영화에 양식을 만들어내는 것이었다. 고층 건물 전면에는 비디오로 된 벽들이 밤을 비추고 있고 부엉이들은 기술 장치인 비디오 감시 시스템의 일부이며, 전자오락기도 항상 감시 수단으로 나타난다. 그리하여 이 세계에 기술적 이미지로 가득 차지 않은 영역은 없다. 특히 「블레이드 러너」가 뛰어나게 표현한 새롭고 독자적인 매체사적 상황은 이 영화가 포스트모던적 시각문화에서 핵심이 되는 매체에 관한 문제들을 다루고 있다는 사실과 일맥상통한다. 여기서 중요한 것은 항상 아날로그 이미지와 디지털 이미지, 자연과 문화, 개인과 기술적 복제 사이의 경계다. 영화는 이 경계를 따라 진행되면서 지각의 역사성에 관한 문제, 기술적 이미지와 장치의 편재Omnipräsenz 그리고 기술적 이미지와 장치의 신뢰성, 특히 공적, 사적 사용과 효율성에 관한 문제를 서술하고 있다. 이를 배경으로 「블레이드 러너」는 바로 미학적 매체비판과 매체분석에 착수한다.

여기 「블레이드 러너」의 예에서 실행된 방법, 즉 유비쿼터스-문화의 예를 사용하여 문화비판적 문제를 제기하는 것은 전적으로 시각문화연구의 특징적 접근법이다. 시각문화연구는 레슬리 피들러의 "경계를 넘고, 간극을 메우며Cross the border-close the gap"라는 유명한 호소를 분석적인 실천으로 옮겼다. 이 호소는 당시에 인터넷-문화와 유비쿼터스-문화 사이의 간극을 극복하는 것을 목표로 했으며 포스트모던 이론에서 선구적인 것이기도 했다. 시각문화의 이론은 시각문화의 영역들 간에 범주적 차이를 만들 수 없으며, 오히려 이 영역들을, 더 넓게 정의된 문화 개념에 의해 집단적 정체성, 규범, 자기서술의 장이라 규정된 상위의 문제들에 동일하게 적용시킨다. 이와 관련하여 유비쿼터스-문화의 예들도 이론적으로 중요하면서 상당히 유익한 것으로 입증된다. 게다가 이 예들은 가끔 문화비평에 여러 가능성을 제공해주기도 한다. 한편으로는 고정관념을 제거할 가능성과 다른 한편으로는 동시에 고정관념을 겨냥하여 이를 극복하려는 전복적 실행을 찾아낼 가능성 말이다. 대중문화에는 이러한 예들이 아주 풍부하다. 그러나 여기서 「블레이드 러너」는 전체를 대변하는 부분으로서, 매체이론이 매체미학적 분석과 시나리오를 통해 의미 있게 보완되어 있음을 분명히 보여주기에 충분하다.

다양하게 흐르고 있는 매체이론을 아주 일반적 차원에서 정리해보자면, 시각문화에 관한 연구와 관련하여 중요한 다섯 개의 본질적인 문제로 요약할 수 있다. **첫째**, 매체기술의 변화와 복합적인 상관관계에 있는 지각의 역사성을 확인할 수 있다.(이 측면에 대해서는 다음 장에서 예를 들어 추적할 것이다.) 이 테제는 서론에서 언급했듯이 시각문화에 관한 연구 영역의 정전에 속하는 1930년대 말 발터 벤야민의 매우 영향력 있는 에세이 『기술 복제 시대의 예술작품』에 이미 나타난다. 여기서 벤야민은 다음과 같이 서술하고 있다. "위대한 역사의 시기 내부에서는 인간 집단의 모든 존재 방식과 함께 감각지각의 양식과 방식도 변화한다. 인간의 감각지각이 조직되는 양식과 방식—지각이 생겨나는 매체—은 자연적으로뿐만 아니라 역사적으로도 제한되어 있다."[1] 다른 말로 하면, 매체만 역사적인 것이 아니라 감각도 마찬가지로 그렇다는 것이다. 지각에 대해 타당하게 설명하려면 지각의 심리학적 요소만으로는 충분하지 않다. 지각과 매체는 이미 항상 서로 연결되어 있다. 벤야민도 이를 입증하고 있는데, 그의 에세이의 첫 장은 종종 간과되는 다음 문장으로 시작한다. "예술작품은 원칙적으로 항상 복제 가능한 것이었다."[2] 그다음으로 벤야민이 비판과 진단 가운데서 관찰한 것은 의사소통의 구조 내에서 일어나는 급진적인 변화와 이것이 인간의 지각에 미치는 영향이다. 이것을 벤야민보다 더 신랄하게 표현할 수도 있다. 즉 매체는 감각의 확장이며, 결국 감각의 정복에 관한 문제다.[3] 매체는 감각에 자신의 규칙, 법칙, 질서를 부여하는 하나의 현실을 만들어낸다. 신문은 책과 다르게 읽히며, 영화는 사진과 다르게 보이고, 컴퓨터에 입력된 텍스트 데이터는 타자기로 친 텍스트와 다르게 쓰인다. 매체는 또한 원칙적으로 더 많이 보고 더 많이 듣게 하며, 그림과 문서, 텍스트를 복제하고 확산하여 완전히 새로운 지각과 수용 조건들을 이끌어낸다. 가령 벤야민은 영화의 집단적 수용, 다시 말해 혼자서가 아닌 대중 속에 앉아 있는 극장에서 이루어지는 수용의 의미를 강조한다. 벤야민의 견해에 따르면, 영화는 분명히 이러한 대중적 지각과 그가 언급한 산만한 지각을 목표로 했을 뿐 아니라 지각이 극장 밖에서도 동일하게 변하도록 유도했다. 비록 벤야민 이후의 영화이론가들이 극장이라는 디스포지티브에서 관객의 개별화를 강조했다 할지라도, 벤야민이 말한 지각의 변화는 틀림없이 매체사의 상식이 되고 있으며 다른 예들을 통해서도 그것을 입증할 수 있다. 즉 나중에 사진 일러스트레이션까지 갖추게 되는 약 18세기 후반과 19세기 초 신문의 출현은 정보를 얻을 다른 가능성을 열어주었고 이는 지각에 영향을 미치게 되었다. 가령 여행을 간 나라의 시사·정치에 관한 정보를 갖고 있다면, 그 나라를 다른 시각으로 보게 된다. 그리고 오늘날 지금 머물고 있는 모든 장소를 위치측정GPS 데이터와 온라인 연결을 통해 지도화하고 임의의 정보로 질을 높일 수 있는 스마트폰을 지니고 있다면, 분명 훨씬 더 결정적인 변혁을 확인할 수 있다. 두 번째 예를 들자면, 레오나르도 다 빈치의 「모나리자」가 여러 번의 복제를 통해 상업적으로 팔리고 웹과 영화와 책들에서 (예를 들어 「다빈치 코드」같이) 눈에 띄게 나타나고 있다는 사실은 이미지에 대한 우리의 지각과 이미지의 문화적 의미에 적지 않은 영향을 미친다. 그리고 특히 꾸준히 진행되는 디지털화로 인해 이미지들은 이전보다 더 많이 유통되고 있으며 때로는 변화된 형태로 아주 상이한 콘텍스트에서 반복적으로 나타나게 되었다. 한편으로 디지털화를 이미지의 현실지시성에 대한 존재론적인 믿음을 지속적으로 흔드는 것으로 설명할 수 있다. 훨씬 더 심각한 것은 이미지활용Bildpraxis의 혁명인데, 이를 통해 기술적 이미지는 도처에서 사용되고 유통되면서 동시에 조작되고 변경되기도 한다. 따라서 디지털화와 더불어 변화된 것은 이미지의 '본성'(존재론, 존재에 대한 물음)에 대한 태도만이 아니라 이미지의 사용 방법이었다. 기술복제로 이루어진 이미지 생산으로 생겨난 문화적 동요에 대한 발터 벤야민의 고찰은 급진적으로 계속 이어진다.

그리고 지각의 역사성에 대한 그의 테제는 매체이론에서 다양하게 나뉘고 급진화되었다. 특히 보편적 매체이론의 시대, 즉 20세기 말 매체의 역사를 마침내 세계사적인 관점에서 광범위한 문화 진단적 테제와 연결시킨 시대에 핵심적이면서도 보편적인 테제들이 만들어졌다. 아주 유명한 몇 개의 예를 들어보자. 가령 프랑스의 매체이론가 폴 비릴리오는 사회의 가속화를 입증했는데, 철저하게 군사적 전략과 연결된 매체들은 이 가속화로 인해 결국 문화적 변화에 보조를 맞출 수 없는 감각을 장악한다고 했다. 노르베르트 볼츠와 같은 다른 이론가들은 구텐베르크-은하계의 종말과 포스트역사Posthistoire의 출현 내지는 시작에 대해 이야기했으며, 빌렘 플루세르 같은 이론가는 지각의 4차원성이 점차 컴퓨터 코드의 1차원성으로 이행하고 있다는, 증가하는 추상화를 입증했다. 그에 반해 매체 기술적인 변화들, 즉 문화의 '하드웨어적인' 변화가 '소프트웨어적인' 변화를 요청하고 결정한다는 프리드리히 키틀러의 가정을 따른 다른 분석가들도 있다. 그 외에도 많은 이론적 입장을 더 말할 수 있는데, 비록 이 이론들이 서로 상이하다 할지라도 인간의 지각이 매체적 요소와 밀접하게 연결되어 있기 때문에 지각의 역사성에 대한 전제는 공유하고 있다. 따라서 매체의 역사는 항상 지각의 역사다. 이것은 시각문화의 학제간 이론에서 '견고한' 테제 중 하나다.

둘째, 매체로 전달되는 점진적인 시각화를 관찰할 수 있다. 이러한 시각화는 일상 세계에서 시각적 자연이 아닌 영역들도 아우른다. 이 견해는 얼마 전부터 문화비판적 의도로 확인된 '이미지 홍수'에 관한 것이지만, 이미 발터 벤야민은 이를 역사적으로 좀더 오래되고 지속적인 현상으로 설명한 바 있다. 신문의 출현과 더불어 19세기에는 이미 더 나은 상업성을 이유로 일러스트레이션을 갖춘 텍스트를 대중매체로 보급하기 위한 시장이 생겨난다. 일러스트레이션은 석판 인쇄나 오프셋 인쇄의 발전과 같은 새로운 인쇄기술의 공정에 힘입은 것이지만, 목판 인쇄나 강철 인쇄를 다시 이용하기도 했다. 신문시장의 발전과정을 관찰해보면, 시종일관 이미지를 사용하지 않던 (예를 들어 프랑스 일간지 『르 몽드』 같은) 최우의 간행물들도 점차 항복하고 이미지 중심적이거나 적어도 이미지에 방향을 맞춘 정보전략으로 나아간다. 『빌트』 지는 신문의 총 분량에서 차지하는 비중에 있어 이미지가 텍스트보다 우위를 차지하면서 그 이름을 정당하게 갖는다.* 이와 유사한 일들은 여러 다른 분야에서도 생겨난다. 종종 선언되었던 도상적 전환이나 회화적 전환, 즉 이미지에 대한 고조된 이론적 관심은 새로운 종류의 이미지의 편재를 동반하고 나타난다. 그럼에도 불구하고 문화적 진단과 이론적 고찰은 분명 불균형 상태에 처해 있다. 다시 말해 이미지들이 특히 컴퓨터의 출현으로 인해 현실의 모든 영역에서 엄청난 의미를 얻게 된 반면, 학문적인 고찰에 있어서 이러한 상황은 동일하게 통용되지 않는다. 여기서 분명 독일어권의 이미지학과 시각문화연구의 분석들은 약간 다른 결론에 이른다. 이 두 연구는 이미지를 시종일관 텍스트에 비해 결핍된 매체로 보는 서구 이론의 이미지 망각을 입증한다. 가령 미국의 철학사가이자 문화사가인 마틴 제이는 담화분석과 해체구성 사이에 놓인 프랑스의 이론적 전통 내에 있었던 이미지 약화에 대한 연구에 상당한 주목을 받아온 자신의 책 전체를 바치고 있다.[4] 철학에는 분명 이미지에 대한 무지함이 있다는 사실을 입증한 이는 비단 마틴 제이뿐만이 아니다. 철학은 이미지를 항상 언어와의 관계에서만 생각하며 상당한 불신을 가지고 이미지를 대했다. 따라서 이미지를 적절히 사유할 수 있는 충분한 개념과 이론적 도구가 준비되어 있지 않다고 할 수 있다. 그러므로 끊임없이 이미지를 텍스트로 바꾸는 패권적 지배관계에서 이미지를 해방시키는 것이 과제가 되어야 한다.

이것이 이미지학과 시각문화연구가 출발점으로 삼는 포괄적인 생각이다. 그럼에도 이 둘은 경향상 아주 상이한 전략을 취한다. 이론적인 이미지학은 이미지의 자기논리를 선언하는 것인 반면에, 대부분 활용에 방향을 맞추는 시각문화의 분석은 텍스트(또는 담론, 상징 시스템과 이와 비슷한 것들)와 이미지의 뒤섞임을 중요시한다. 이론 분야의 두 선

* 독일어 '빌트'는 '이미지'를 뜻한다.

구자의 도움을 받아 이를 아주 간결하고 도식적으로 짧게 설명할 수 있다. 한쪽에는 "도상적 전환" 개념을 각인시켰으며 독일어권에서 이미지학의 선구자로 여겨지는 고트프리트 뵘이 있다. 다른 쪽에는 "회화적 전환"이라는 진단적 표현을 만들어내고 결정적으로 미국 대학에서 시각문화연구를 촉진시킨 W. J. T. 미첼이 있다. 뵘의 이미지학에서는 두 세계(텍스트와 이미지)가 더 분명히 나누어져야 하는 것인 반면, 미첼의 시각문화에서는 두 세계가 구조적으로 서로 얽혀 있는 것으로 여겨진다. 고트프리트 뵘은 "'이미지'는 (…) 오히려 사유의 또 다른 양식과 관련된 것이다"[5]라고 진술한다. 시각문화연구가 연구 대상을 종종 대중문화와 매체문화에서 가져오는 것과는 달리, 뵘이 대변하는 이미지학은 대부분 조형예술이나 자연과학의 예를 다룬다. 분명한 것은 이미지학에서는 무엇보다 도상의 내재적 성찰에 대한 문제와 이미지의 인식론이 중요하다는 사실이다. 대개 고전적 예들을 근거로 새로운 이미지에 대한 지식을 추구하는 철학적인 이론이 종종 만들어진다. 따라서 뵘은 "이미지의 인지적 가능성"에 대해 언급한다. 다시 말해 그는 이미지가 사유의 또 다른 양식과 방식을 열어준다는 전제에서 출발한다. 그 이론적 전제가 가정하듯, 여기서는 특히 자신의 고유한 "풍부함"과 엄청난 "역사적, 문화적 변화 가능성"을 가지고 있는 "이미지 자체의 내재적 질서와 성찰성"을 살핀다.[6] 그리하여 뵘은 계속해서, 언어로 환원되지 않는, 언어의 질서로 헤아릴 수 없으며 따라서 단어로 적절하게 바꿀 수도 없는 "순전히 도상적인 의미"가 있다고 말한다. 그 때문에 "볼 수 있는 것과 말할 수 있는 것 사이의 투쟁"이 있음을 확인하는 것뿐 아니라 이 투쟁을 시작하고 계속해나가는 일이 중요하다는 것이다. 그리하여 뵘은 "이미지는 자신에게만 속하는 고유한 논리를 가지고 있다"고 말한다.[7] 논리학이 일관성 있는 의미의 산물로 이해된다면, 이미지 논리학은 무엇보다 비-술어적이다. 다시 말해 현실에 대해 어떠한 진술도 하지 않는다. 이미지의 고유한 힘과 의미는 오히려 지시적이다. 즉 이미지는 현실과 구별되면서 어떤 것을 보여준다. 이미지는 단순한 모사가 아니라 오히려 "자신의 권리를 보여주는 것"이다. 이것이 바로 뵘이 "도상적 차이"라고 부른 것이다. 이미지는 현실과 구별될 뿐 아니라 현실과 구별됨을 통해 오히려 현실을 열어준다.

시각문화연구의 전체를 대변하는 부분의 예인 W. J. T. 미첼의 시작은 다르다. 그는 회화적 전환을 독일의 이미지학보다 훨씬 더 강하게 사회이론적으로 이해하고, 이 회화적 전환은 "이미지 생산, 이미지 분배, 이미지 소비의 새로운 기술"[8] 즉 매체기술적 변화를 통해서 비로소 가능함을 강조한다. 미첼에 따르면, 이미지는 자신의 매체적 결합과 사회적 기능 그 자체에서 분석될 수 있다. 이것이 이미지학과 시각문화연구 사이의 **차이를 만드는 차이**(베이트슨)다. 시각문화연구에는 매체의 디스포지티브, 문화적 콘텍스트, 지각의 과정을 구성하는 요소로서의 이미지 그리고 엄격한 문화비평의 의미에서 역사적으로 변화 가능한 사회적이고 담론적인 콘텍스트의 긴장 영역 속에 나타나는 시각성이 중요하다. 이런 이유로 미첼은 뵘이 실행한 분리(한편에는 언어의 영역, 다른 한편에는 이미지의 영역)보다는 텍스트와 이미지의 뒤섞임에 관심을 갖는데, 이것은 복합적이면서도 손실을 감수해야만 분리시킬 수 있는 뒤섞임이다. 그는 자신의 책에서 이러한 밀접한 결합을 끊임없이 강조하고 있다. 이를 위해 시각성, 즉 구체적인 인공물과 대상으로부터 분리할 수 있는 보는 것Sehen의 처리법과 기술, 보고 주는 것Zu-Sehen-Geben의 과정, 문화적 가치 평가, 보는 것과 가시성 그 자체의 상징화와 구성 작업이 나타난다. 이것은 이미지 배제에 대응하여 이미지에 자리를 내어주는 미첼의 방식이다. 그 결과 그의 역사적 분석도 다르게 이루어진다. 뵘에 따르면 서구의 전통에는 이미지에 대한 망각이 있었다. 미첼은 이에 반해 '회화적 전환'은 그가 처음 제기한 것이 아니며 과거에는 항상 이미지의 세계로 향하는 이론적이고 실제적인 방향성과 함께 이미지의 세계로부터 회피(성상파괴운동 같은)하려는 움직임이 있었다고 이해한다. 따라서 이미지를 언어로부터 보호해서는 안 되고 그때그때 일어나는 전환의 사회적 기능을 주목해야 한다고 말한다. 오해를 막기 위해 덧붙이자면, '회화적' 그리고 '도상적' 전환은 단순히 이미지나 '이미지 홍수'의 증가로만 이해될 수 없으며, 이러한 전환은 오히려 변화된 이론적 태도를 보여준다. 다시 말해 이미지는 이제 갑자기 고유의 권리를 가진 연구 대상이 된다. 그리고 이는 예술사의 전통 영역을 넘어서는 것이다. 이제는 이미지의 (고유의-)논리와 이미지의 사회적 기능에 맞는 이론들도 발전시키는 것이 중요하다. 많은 지시이론은 언어적 대상에 맞춰져 있기 때문에 이미지와 시각적인 현상에 대해서는 기껏해야 제한적으로 유용하거나, 혹은 비판적 수정이라는 의미에서 연구 대상이 되고 있다. 이 책의 서론에서도 언급된 독특하면서도 흥미로운 이론적 혼합은, 특히 이러한 방향의 이론적 탐구에 빚지고 있다.

시각문화연구는 보는 것(이미지뿐만 아니라)의 문화적·사회적 실행을 연구하는데, 지각이 복잡한 코드화를 따르는 문화적 행동으로 이해되기 때문이다. 우리의 시선은 문화적 지침을 따르고 있는 만큼 우리는 결코 순수하게 보지 않는다. 보는 것이 역사적인 것이라면, 이미 강조되었듯이 보는 것의 역사가 연구되어야 하며 이와 함께 성, 정체성, 인종 등에 대한 문제들이 다루어져야 한다. 이 문제들은 이미 문화연구에서 유래한 것이긴 하지만, 새로이 수용되어 이제 시각적인 것의 영역으로 옮겨졌다. 그 결과 이미지는 지명하는 기능을 가지고 경우에 따라서 자연화의 전략을 따르며, 우리의 세계상을 만드는 이데올로기적 입장을 가진 것으로 이해된다. 지각과 이미지 생산의 모든 분야가 주목받는 한, 매체의 결합이 결정적인 역할을 한다. 따라서 시각문화연구의 분석에서 중요한 것은 시각적 영역, 즉 시각적 현실의 문화적 구성들이다. 목표는 일종의 '시각적 독해능력'을 기르는 것인데, 이것은 이미지(여기서는 가장 폭넓은 의미에서 이해되는)를 해석해내고 당연한 것으로 받아들이지 않는 능력이며, 또는 다르게 말해 "인간의 시각성 연구를 위한 비판적 도구들"[9]을 사용하는 능력이다.

그리고 **셋째**, 매체의 논증적인 확신을 비판적으로 되물을 수 있다. 즉 "사진적 진실이라는 신화"[10]를 탈신비화시키는 것이다. 이것이 의미하는 바는 무엇인가? 1830년대 말 사진이 세상에 소개되었을 때, 사람들은 사진을 대상의 초상으로 묘사했다. 그리고 그 대상은 주체의 영향에서 벗어나 한 기계를 '빛의 언어'이자 어떤 문화적 간섭도 없는 실물 그대로의 현상으로 나타내주었다. 종이에 포지티브-네거티브-공정을 개발한 영국인 윌리엄 헨리 폭스 탤벗은 그 때문에 "자연의 연필"에 대해 언급했다. 이러한 해석의 전통은 적어도 기술적 이미지의 왕국에 디지털화가 출현할 때까지, 그러나 정확히는 오늘날까지 이어지고 있다. 포토앨범에서 디지털로 제작된 여행사진들을 볼 때 우리는 사진이 말해주는 "그렇게 존재했다"(바르트)는 것에 대해 의심하지 않는다. 그러나 바로 이 믿음을 흔드는 것이 중요하다. 이 믿음은 사람들이 "기적의 그림 같은acheiropoetisch" 것, 즉 "인간의 손으로 만들어지지 않은" 것이라고 부른 도상처럼 종교적 이미지를 가진 전통에 서 있다. 종교적 확신에서 기술적 이미지로 옮겨간 이러한 문화적 이동은 기술적 이미지에 과잉의 담론을 부여하고, 기술적 이미지의 지각과 문화적 기능을 표준적으로 규정하는 적절한 프로그램을 갖춘다. 그러나 사진은 이미 많은 요소, 즉 사진의 지위를 어떤 관찰자가 다게르 타입을 묘사한 것처럼[11] "자연의 연필"이나 "하늘에서 떨어진 프린트"로 제한한 것 이상의 수많은 요소에 의해 종속되어 있다. 사진은 종종 흑백으로 3차원의 대상을 2차원으로 환원하며, 단면을 보여주고, 대상이나 노출 시간 또는 필름과 같은 기술적 요소에 종속되어 있다. 그 외에도 매체기술적 공정, 주도적인 취향의 연출, 특정 대상을 묘사할 때 사용하는 암묵적 또는 명시적인 규범, 이미지 사용 방식의 변화 등과 같은 많은 문화적 요소가 있다. 자칭 '실물 그대로인' 이미지들이 문화적 상황에 깊이 종속되어 있다는 사실을 주목해야 한다.

넷째, 디지털화로 인해 생겨난 변화들을 적절하게 설명하는 일이 중요하다. 여기서 가치 평가는 본격적인 혁명과 급진적인 단절이라는 한쪽과, 연속성이라는 다른 쪽 사이를 오고간다. 그리고 **다섯째**, 매체라는 틀 내에서는 대중매체의 수용조건들도 결정적인 역할을 한다. 이 두 가지는 시각문화연구의 개론과 특히 사진의 역사에서 이루어진 디지털적 전환을 다룬 책에서 종종 나오는 유명한 예를 통해 증명될 수 있다. 1994년 6월 27일에 『타임』과 『뉴스위크』의 표지는 스펙터클한 사건에 대해 보고하면서 똑같은 O. J. 심슨의 사진을 사용했다.[12] 그러나 특히 『타임』지의 버전은 얼굴에 악마적인 표정이 나타나도록 디지털로 재작업되었다. 소위 머그샷, 즉 경찰의 범인 식별용 얼굴사진은 여기서 대중을 대상으로 계산적으로 조절하면서 대중매체를 사용하는 예를 보여주고 있으며, 동시에 이미지 편집의 가능성에 대한 교재가 된다. 이러한 편집이 디지털로 이루어졌다는 사실이 구조적으로 중요한 것은 결코 아니다. 왜냐하면 전례의 처리 방식(수정, 착색 등)으로도 동일한 결과가 나올 수 있었기 때문이다. 여기서는 두 이미지를 비교하면서 이미 통용되고 있는 실재가 무엇인지 드러났다는 사실이 더 중요하다. 사진의 이미지는 이미지의 영향을 겨냥하여 조정하는 공정을 이용하면서 진실성을 암시하거나 만들어낸다. 이미지의 역사에서 디지털화로 생겨나 자주 확인되는 단절은 시각문화의 비판적 분석에서는 다르게 보인다. 왜냐하면 사진 이미지의 존재론적 지위를 서술하는 데 근거가 되는 이론들은 모사된 것의 실재를 증언하는 것으로 추정되는 사진 이미지의 본질보다는 그것의 역사성을 강조하고 있기 때문이다. 따라서 이 이론들에서는 역사적인 사용 방식이 시대를 뛰어넘는 존재성보다 더 중요하다. 이에 따라 여기서는 실제로 나타났던 변화가 처음부터 의문시되었던 기술 이미지의 '본질'의 변화보다 더 중요하다.

이것은 「블레이드 러너」의 예에서도 탁월하게 설명될 수 있다. 즉 오늘날에도 인터넷에서 현대적인 매체적 실행의 예로서 많이 인용되는 상당히 긴 시퀀스(유튜브나 구글 이미지 찾기로만 확인할 수 있는데, 여기서는 이러한 블로우 업Blow-up의 다양한 변형이 나타난다)에는, 현상금을 쫓는 사람인 데커드가 언어적인 명령으로 부분을 확대하여 디테일을 알아볼 수 있게 하면서 복제인간들의 개인적인 몇 장의 가족사진을 면밀하게 연구하고 있다. 이 디테일은 150년 전에 사람들이 말하곤 했던 '육안'에서 벗어나 있는 것이거나 가시적이지 않은 것이다. 여기서 사진은 비록 디지털로 만들어지고 가공되어 있지만 지표적 기호이자 현실의 흔적으로 나타나며, 데커드가 현상들의 미로에서 탐색하고 방향을 잡아가도록 도와주는 완전한 증거가 된다. 그리고 이후에 실제로 이를 행하는데, 사진은 데커드가 복제인간 중 하나를 찾아 죽이는 일에 기여한다. 데커드는 영화에서 바로 그 이전에 그가 레이철의 가족사진에서 의심했고 자신의 이야기라는 레이철의 환상이 제거했던 증거 인물을 이제 이 사진들에서 조회하여 성공적인 추적 행위를 위해 사용한다. 주목할 만한 것은 데커드가 사진에서 눈으로는 볼 수 없었던 것을 확대를 통해 볼 수 있게 했다는 사실뿐만 아니라, 그가 나중에 인쇄한 이미지는 이전에 자신의 모니터에서 인식할 수 있었고 또 그곳에서 보았던 것과 일치하지 않는다는 사실이다. 이미지의 명료함이 작동하는 때는 사람들이 이미지 자체를 조작하는 자신의 지각보다 사진을 더 신뢰할 때이거나, 결국 처음부터 이미지의 완벽한 체제가 하나의 내재적 논리를 가진 단순한 구성물이라는 사실에서 시작할 때다. 다른 말로 해보자. 「블레이드 러너」에서 사진은 철저하게 구성된 현실을 보여주는데, 이때 현실과 상상, 이미지와 모사된 것, 사진과 현상 세계 사이의 분리는 이미 더 이상 유효하지 않다. 사진은 현실과 똑같이 구성되어 있으며, 눈은 이 현실세계에서 분리되어 있다. 눈은 이제 자신의 세계가 되는 사진의 세계에 몰두할 수 있다. 영화에서 데커드는 한 번 이 지점에 도달하는데, 바로 그가 마침내 복제인간 레이철을 향한 사랑에 빠져들 때다. 이렇게 구성된 세계에서 자연성과 인공성, 현실과 시뮬레이션, 유일함과 복제 사이의 차이는 더 이상 어떤 의미도 만들어내지 않는다. 데커드 자신도 사이보그일 수도 있다는 문제는 결국 더 이상 중요한 역할을 하지 못하는데, 이미지의 체제가 이러한 구분을 시대에 뒤떨어지는 것으로 만들어버렸기 때문이다. 이것이 「블레이드 러너」가 보여주는 우울한 핵심이다. 그럼에도 이 영화를 시각문화의 문제적 상황이라는 의미로 분석하는 작업은 이러한 사회상을 재빨리 승인하고 정당한 것으로 인정하는 오류로 빠져서는 안 된다. 영화의 분석은 오히려 이 영화를 특정한 역사적 시기에 포스트모던과 디지털화를 동반하고 나타났던 매체적이고 사회적인 환영Phantasmen에 대한 상세한 설명으로 해석할 임무가 있을 것이다. 매체적인 눈이 시대를 진단하는 표상으로 나타난다면 이는 역사적인 눈이기도 하다.

참고문헌

Walter Benjamin, *Das Kunstwerk im Zeitalter seiner technischen Reproduzierbarkeit*, Suhrkamp Studienbibliothek 1, Frankfurt/Main 2007.

Lorenz Engell, Oliver Fahle, Claus Pias und Joseph Vogel(Hg.), *Kursbuch Medienkultur: Die maßgeblichen Theorien von Brecht bis Baudrillard*, Stuttgart 1999.

Claudia Liebrand, Irmela Schneider, Björn Bohnenkamp, Laura Frahm(Hg.), *Einführung in die Medienkulturwissenschaft*, Münster 2005.

Marshall McLuhan, *Absolute McLuhan*, hg. von Martin Baltes und Rainer Höltschl, Freiburg 2006.

Dieter Mersch, *Medientheorien zur Einführung*, 2. Auflage, Hamburg 2009.

W. J. T. Mitschell, *Bildtheorie*, Frankfurt/Main 2008.

Alexander Roesler und Bernd Stiegler(Hg.), *Grundbegriffe der Medientheorie*, München 2005.

Bernd Stiegler, *Theoriegeschichte der Photographie*, München 2006.

Marita Sturken und Lisa Cartwright, *Practices of Looking: An Introduction to Visual Culture*, Oxford und New York 2001.

Siegfried Zielinski, *Archäologie der Medien, Zur Tiefenzeit des technischen Hörens und Sehens*, Reinbeck 2002.

| 5장 |

이중의 눈

단안의 시각에서 생리학적 시각으로

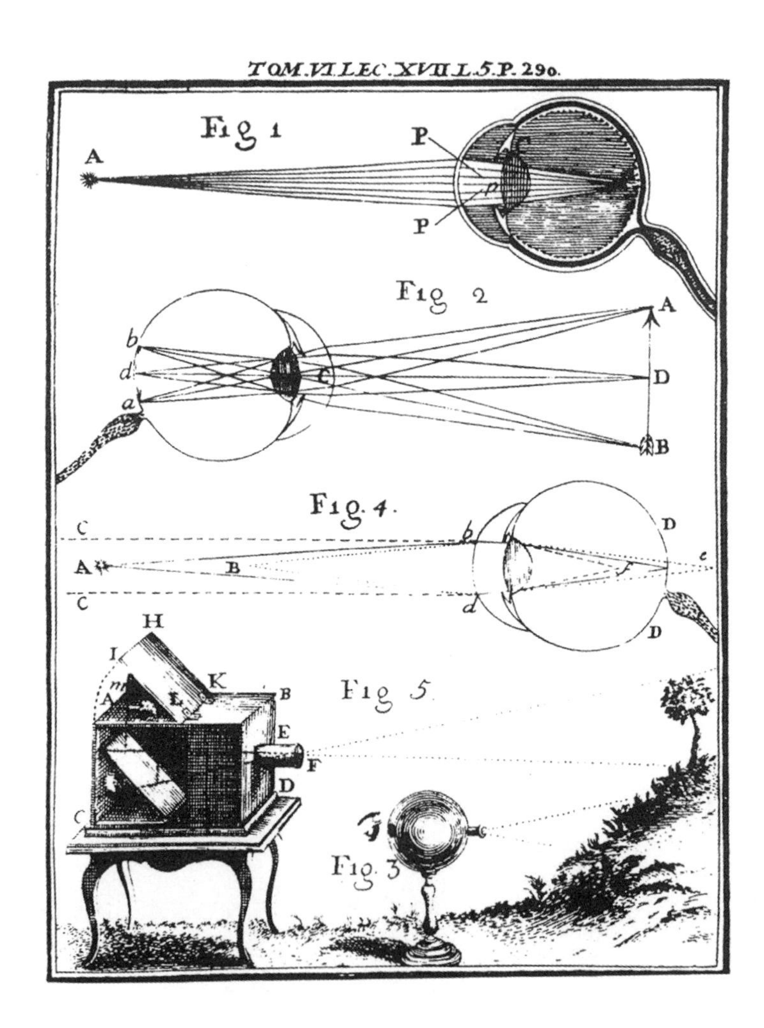

〔그림 5〕 눈과 카메라 옵스큐라의 비교, 18세기 초

18세기 초에 그려진 [그림 5]의 그래픽은 우리가 보듯이, 인간의 시각 기구를 모델로 해 변형시켜 만든 하나의 비교물을 보여주고 있다. 여기서 나란히 놓여 비교되는 것은 생리적 기관인 눈과 이른바 카메라 옵스큐라다. 이 도표에서 둘은 서로 기능적으로 명확히 일치하며 동일한 법칙을 따름으로써 가시적인 연관성을 드러낸다. 그런데 현재까지 생리학 전문문헌에서 찾아볼 수 있는 이러한 유사성에서 주목할 만한 것이 대체 무엇인가? 이러한 의학적인 상투어가 언뜻 지각생리학적 문제와는 무관해 보이는 시각문화의 문제와 무슨 연관이 있는가? 지각생리학적 문제는 의학, 즉 자연과학의 영역에 속하는 것으로서 여기서 그것은 소위 변화불변의 해부학적 상수와 관련되어야 할 것이다.

일단 당연해 보이는 이 도식에서 우리는 바로, 시각문화에 대한 광범위한 연구 프로그램을 집중적으로 형성하는 일련의 관찰내용을 확인할 수 있다. 몇 가지 점을 바로 이 도표가 유래한 역사적 맥락에서 말할 수 있는데, 그중 특별히 중요한 다섯 가지 핵심점은 다음과 같다.

첫째, 눈은 몸에서 분리되어 고립된 단독 기관으로 간주되고 있다. 이는 결코 당연한 생각이 아니다. 인간은 분명 두 개의 눈을 갖고 있으며 게다가 그러한 사실은 지각과정의 분석과 설명에 결정적 의미를 지니기 때문이다. "왜 인간은 눈이 두 개일까?" 저명한 물리학자이며 과학 이론가인 에른스트 마흐는 1866년, 이를 제목으로 한 유명한 강연에서 이렇게 묻고는, 보기에 대해 위의 경우와는 다른 이미지를 전해주는 답을 한다. 일단은 우리가 한 눈으로 보는 것과 두 눈으로 보는 것 사이에는 엄청난 차이가 있음이 먼저 확인되어야 한다는 것이다. 두 눈으로 볼 때 더 잘 본다는 것, 더 정확히 말하자면 다르게 본다는 것을 다음에서 살펴볼 것이다.

둘째, 눈과 카메라 옵스큐라가 일치한다는 증거는 수학적 투사, 정확히 말해, 예리한 물체에 의해 빛이 굴절되는 현상에 대한 연구인 광선굴절학Dioptrik을 통해 생겨난다. 이 사실은 주목할 만한 것이다. 왜냐하면, 늦어도 19세기 중엽에는 시각적 지각의 생성에 두뇌가 담당하는 몫이 부각되는데, 지각의 생성은 결코 기하학적 법칙을 따르지 않기 때문이다. 눈과 카메라 옵스큐라의 비교 가능성은 두 기구의 유사성뿐 아니라 지각을 외부공간(주변 현실)이 내부공간(눈 혹은 카메라)으로 투사되는 것으로 규정하는 표상 논리와도 관계가 있다. 위의 도표는 지각과 그 법칙에 관한 하나의 **모델**을 만든 것이라고 볼 수 있다.

셋째, 양자의 이러한 일치와 짝을 이루는 또 다른 경우는 르네상스 이후 최대한 '자연에 충실한' 이미지를 만들어내기 위해 카메라 옵스큐라를 도구로 사용하는 조형예술의 표현 전통에서 볼 수 있다. 중세와 초기 근대의 시각문화에 대한 단원에서 우리는 이미, 원근법의 문제가 어떤 식으로 표현 전통과 연관되는지, 또한 이를 넘어서 그것이 어떻게 개인이 스스로 획득한 시각적 권한으로 파악되는지 살펴보았다. 여기서 그것은 인간 지각과정의 생리학적 조건에 대한 규정과 결부된다. 달리 말하자면, 원근법은 여기서 또한 하나의 복잡하고 상징적인 문화적 형식임이 입증될 것이다. 그러한 형식에서는 기하학적 법칙만이 아닌 훨씬 광범위한 것이 문제가 된다. 보기가 기구상으로나 표현 전통 속에서 최대한 자연스럽게 모방하는 대상을 더 자세히 살펴보면, 그것은 정반대로 확실한 모델로서 기구와 문화기술에 의해 순수한 보기 과정이 변경된 것임이 드러난다. 순수한 보기 과정에서는 많은 것이 단순화되거나 현혹되어 사라져버리는 것이다. 보기라는 모델의 학문적 역사를 더 추적해보면 상황이 다르게 되기도 한다는 것을 알 수 있다.

넷째, 카메라 옵스큐라는 사진의 역사 초반에 결정적인 의미를 지닌다. 사진카메라뿐 아니라 영화카메라 역시 이러한 기술적 기본 전제를 받아들여 완성되었기 때문이다. 이것은 결국 카메라와 인간 눈의 비교에 성과를 가져온다. 속성의 본격적인 이전이 어떤 방식으로 이루어져 인간의 눈이 이미 사진이 기술적으로 실행하고 있는 임무를 부여받게 되는지, 반대로 어떻게 카메라 역시 인간 눈이 모범적으로 실행하고 있는 임무를 독자적 방식으로 수행해야 하는지 우리는 보게 될 것이다. 그리고 그 밖에도 매체기술적 발명품들이 어떤 방식으로 학문적 연구의 중요한 전제조건을 구성하게 되는지 살펴볼 것이다.

다섯째, 따라서 기술적 인공물과 지각기관의 유사성은 이미 주목할 만한 것이 된다. 이 장 첫머리의 그림 속에서 자연과 문화는 어느 정도 프로그램화되어 직접 연결된다. 이 도식은 시대와 무관하게 양자가 동일한 법칙을 따르고 있음을 보여준다. 시각문화에 대한 비판적 연구는 늘 시각문화를 역사화하며 '문화화'시키고자, 말하자면 그것을 문화적 구성물로 보여주고자 한다.

그러므로 우리는 이 도표 속에 집결된 극히 상이한 영역들이 광범위한 층위들로 겹쳐진 하나의 스펙트럼과 마주하게 된다. 그 전반을 이해하려면 그것이 만들어질 때 암묵적으로 전제된 이론들을 돌이켜봐야 한다. 따라서 첫 단계로 먼저 이론이 분명해져야 하고, 둘째 단계로는 19세기 초엽 두 눈을 사용하는 쌍안의 보기를 단번에 이론적 관심의 중심에 옮겨놓은 역사적 변혁의 인식론적 결과가 측량되어야 한다. 기구와 학문적 콘셉트, 철학적 증거, 또한 보기의 '자연적' 과정에 대한 집단적인 '지식' 간의 까다로운 얽힘을 규명하기 위해 하나의 모범적 사례를 다룰 것이다. 세 번째 단계에서는 결론적으로, 최초의 영상 대중매체 중 하나인 입체경Stereoskop에 대해 이러한 새로운 규정을 사용하고 최근 널리 보급된 3D영화에까지 다다른 매체사적인 동반현상들을 소개하고자 한다.

19세기 초 지각이론의 질서에 변혁을 일으킨 것은 의문의 여지 없이 미국 문화학자 조너선 크레리의 책 『관찰자의 기술Techniken des Betrachters』이다. 첫머리 그림의 출처인 크레리의 연구 역시 17, 18세기의 지각이론을 끌어넣은 것이다. 그는 카메라 옵스큐라를 이 시대 철학적 담론에 나타나는 인식론적 표상들의 기구적 모델로서 해석한다. 시대의 철학적 담론을 그는 "가시적인 진리의 객관적 토대"[1]라고 말한다. 지각의 시각적 객관성은 이미지를 얻는 데 기하학적 규정과 법칙의 형태 속에서 수학을 기구적으로 끌어들이는 카메라 옵스큐라를 통해 보증된다. "카메라의 개구부는 수학적으로 규정할 수 있는 한 지점과 일치하는데, 세계는 그 지점으로부터 기호들의 지속적인 수집과 조합에서 추론될 수 있다.[2] 눈이나 카메라 옵스큐라는 여기서 "모든 사물의 소실점"[3]으로 나타나며 필연적으로, 어떠한 능동적 활동도 없이 받아들이는 외부세계 이미지의 수동적 수신자가 된다. 눈의 기하학은 이미지의 구조와 일치하며 기하학의 법칙more geometrico을 따르면서 수학적으로 정확히 이미지와 그 묘사 대상이 일치하도록 한다. 그런데 카메라 옵스큐라는 시각적 명료성과 정확성, 객관성을 만들어내는 기구일 뿐 아니라 또한 의식의 모델이기도 하다. 즉, "카메라 옵스큐라의 유일한 개구부를 통한 질서정연하고 굴절 가능한 광선의 침투는 이성의 빛에 의한 정신의 침투와 일치한다."[4] 이러한 형태로 그것은 **단안의** 보기로서 인간 지각의 **양안의** 보기와 대립되는데, 전자는 후자보다 우위에 있다. 카메라 옵스큐라를 인식과 의식의 모델로 해석하는 데에는 르네 데카르트가 대표적 인물이다. 크레리는 이 기구에 인식론적 의미를 확실하게 부여하기 위해 데카르트가 『굴절광학La Dioptrique』에서 시도한 원리를 명시적으로 인용한다. 여기서 데카르트는 독자에게 카메라의 개구부에 사람이나 동물의 눈을 투입시켜보도록 요구하고 있다. 말하자면 관찰자의 머릿속에서와 마찬가지로 암실의 내부에 나타나는 것은 외부세계의 원근법적 재현이다. 눈은 외부세계를 하나의 폐쇄되고 고립된 내부공간 속으로 투사한다. 그것은 "데카르트에게는 아직 완전히 분리된 **사유하는 실체**res cogitans와 **외연을 가진 실체**res extensa 간의, 관찰자와 세계 간의 접점Schnittstelle"[5]이 되며 크레리의 해석에 따르면 그렇게 해서 외부세계를 이성에 의해 관찰될 수 있게 한다. 데카르트는 여기서 '기하학적 광학'의 프로그램을 예시와 범례에 따라 구분한다. 그것은 카메라 옵스큐라에는 여전히 통하지만 동시대의 사진, 특히 입체경이 부상함으로써 결국 '생리학적 광학'의 새로운 모델로 대치된다. 크레리에 따르면 1820년과 1830년 사이에 완성되었다는, 이러한 패러다임의 전환을 살펴보자. 정확히 말하자면, 기하학적 광학에서 생리학적 광학으로, 단안의 보기에서 양안의 보기로 전환됨에 따라 재현 이론에서는 육체성, 즉 보기의 생리학에 근거한 '규범적 보기'로의 이동shift이 이루어진다. 수동적 눈은 이제 지각의 구성에 한몫을 담당해 상당 부분 제일 먼저 지각을 구성하는 능동적인 눈이 된다.

이전의 모델에서는 인간이 망막에 닿는 빛을 직접적으로 감지할 수 있다고 전제되었다. 즉, "인간이 그들의 지각감각의 본성에 대해 깊이 생각하지 않은 한, 감각의 자질을 직접 외부의 사물로 전가시켜서 두 개의 감각과 일치하는 두 개의 객체가 태양광선 속에 있다고 전제할 수밖에 없었다."[6] 보기에 대한 이러한 해석의 범례는 **단안의** 지각이다. 반면 헤르만 폰 헬름홀츠를 중심으로 제기된 새로운 이론은 **양안의** 지각을 토대로 한다. 실제로 우리는 두 개의 눈으로 들여다보며 동일한 대상을 상이하게 보게 된다. 그러한 사실은 이전 모델에서는 아무런 역할을 하지 못했다. 주목할 만한 사실은, 이제 기술적 발명품인 입체경이 생리학적 연구를 대체하게 된다는 것이다. 그것은 그림으로 그려졌다가 두 눈에 의해 지각되며 나중에 사진으로 찍힌 두 개의 이미지가 투입될 수 있는 도구다. 그때 이 두 개의 이미지는 두 눈에 의해 분리되어 지각된다. 즉, 왼쪽 눈은 한 이미지를 보며 오른쪽 눈은 다른 이미지를 본다.

이미지와 눈의 이러한 분리를 통해 하나의 공간 이미지가 독자적 방식으로 생겨나는데, 그 이미지의 '생동성'은 개개 눈의 투사를 통해서

〔그림 6〕 언더우드 앤드 언더우드, 「스테레오사진」, 1905년경

는 설명될 수 없다. 왜냐하면 개개 눈의 투사만으로는 어떻게 두 개의 **상이한** 이미지가 **하나**로 되는지, 또한 어떻게 두 눈의 분리를 통해서 비로소 생동감이 생겨나는지를 설명할 수 없기 때문이다. 이미지의 조합은 분명 인간 지각이 종합되어 이루어지는데, 그러한 인간 지각이 정확히 어떤 것인지에 관해서는 논란이 있었다. 헬름홀츠는 경험과 사유행위에 근거하는 지각의 기호이론으로 그 현상을 설명한다. 이미 수없이 확증되어온 눈과 카메라의 일치가 헬름홀츠의 설명에서도 여전히 나타난다. 그러한 일치는 헬름홀츠에게 물론 기관의 기술적 불충분함을 비판하는 근거가 된다. 눈은 해부학적 조직에 근거해 볼 때 카메라보다 결코 우월하지 않다. 완전히 반대로 눈은 카메라에 비해 기술적으로 열등하다. 그러나 지각은 그렇지 않다. 눈의 '사진들'은 지각을 통해 읽혀지고 정리되고 해석되는 기호의 재료만을 준비한다. 헬름홀츠는 눈의 기술적인 결함 목록 혹은 "죄악의 목록"[7]을 보완하기 위해 끊임없이 노력하는데, 그저 맹점blinder Fleck의 틈만이 너무 커서 "수평으로 볼 경우 11개의 보름달, 혹은 6 내지 7피트 떨어져 있는 인간의 얼굴이 나란히 사라질 수 있을 것"[8]이라고 한다.

그런데 무엇 때문에 이러한 논쟁이 필요한가? 헬름홀츠는 눈의 기술적·생리학적 분석을 통해, "눈이란 우리가 감탄할 정도로 신뢰하고 정확한 인상을 얻어내는 감각기관의 기술적 완성이 아니라는"[9] 결론을 이끌어낸다. 인상의 정확성은 광학적 전제가 아니라 인지적 전제에서 생겨난다. 두뇌는 감각데이터의 교정기관이다. 눈은 세계를 그저 "시야 속 유색 평면들의 집합체Aggregat"[10]로만 보는데, 그 평면들은 두뇌의 번역작업을 통해서야 비로소 의미를 얻는다. 유색 평면들은 회상과 체험, 실험을 통해 의미를 담지하는 기호가 된다. 헬름홀츠는 일단 어떤 것을 인식하기 위해 분명히 체험을 필요로 하는 주체 속에 인식의 근원이 있다고 본다. 에른스트 마흐 역시 "인간은 왜 두 개의 눈을 갖고 있는가?"라는 그의 강연에서 이러한 견해를 따르고 있다. 어떠한 대상이 불러일으키는 감각은 이 두 학자가 보기에, 그 대상에 대한 동일시를 가능하게 하는 인식기호다. 이와 같은 패러다임의 전환은 이른바 해부학이나 생물학에 의해 규정된 지각조차도 보기의 역사 영역에 속한다는 것을 확실히 하고 있다. 지각이론들은 감각기구로서의 눈을 극히 다양하게 해석하면서 수많은 결론을 이끌어내고 있다. 생물학적·해부학적 증거로 보이는 것이 역사적·문화적 변수로 나타나기도 한다.

우리는 좀 엉뚱한 듯하면서도 확실한 예를 통해 이러한 변혁을 분명히 할 수 있다. 그것은 시각문화에 대한 분석 전반에 결정적으로 중요한 모든 관점을 통합시키기 때문에 특별히 흥미롭다. 과학적 인식과 발견은 환영, 연구 관심의 은유적 과잉, 이러한 가정의 대중학문적 적용, 매체기술적 혁신, 또한 무엇보다도 오래전에 극복된 것으로 생각된 전통의 재수용과 더불어 독자적인 집합적 토대Gemengelage를 형성한다. 여기서 그러한 다양한 영역의 간섭은 낯설지만 생산적인 효과를 가져올 수 있다. 그러한 효과를 다시금 분석해보면 시각문화의 원칙과 기능방식을 범례적으로 보여줄 수 있을 것이다.

19세기 중엽 직후 생리학적 광학이 받아들여지기 시작했을 때, 학문적 연구와 사회 전반에서 오늘날의 시각으로는 허구로 여길 수밖에 없는 기이한 추론이 나타났다. 죽은 사람의 망막에서 그가 죽어가는 순간에 본 마지막 이미지가 사진과도 같이 새겨져 있을 것이라 추정하고 그러한 이미지를 옵토그라피Optographien 혹은 옵토그람Optogramme이라고 명명한 것이다.[11] 눈에 대한 이러한 엉뚱한 예가 보여주듯이, 학문적 연구도 결정적으로 이미지와 은유로 이루어지는 환영의 과잉 사태를 보여준다. 인식을 주도하는 이러한 이른바 발견에 대한 추론은, 동판술과 활판인쇄술에서도 무수히 입증되었던 눈과 카메라 옵스큐라의 구조적 유사성이었다. 그 외에도 확인할 수 있는 것은, 기구의 진보로 인해 보기의 과정에 대한 생각을 에워싼 새로운 환영이 생겨났고, 무엇보다도 눈은 카메라와도 같이 이미지를 기록하며 화학적 과정에서 일종의 사진실험실과 비슷하다는 생각이 가중되었다. 그것은 정확히, 진지한 연구를 의심스러운 실험으로 전복시키는 잉여적 사태다. 눈의 구조가 이미 사진실험실과도 같이 이루어져 있다면 결론적으로 눈 역시 사진을 찍을 수 있다는 것이다. 이러한 눈-사진은 정확히, 학자들이 시대의 개념에 적합하게 옵토그라피라 지칭하며 헛되이 시도했던 바로 그 옵토그람이다. 그들은 단순히 실험실 내의 환경 속에서 백반증 토끼를 이용해 그러한 것을 입증하려 했다. 옵토그람이 존재하리라는 가정은 또한 지각의 역사에서 하나의 핵을 이루는데, 그것은 19세기 후반에 막강한 힘으로 투입된 생리학 연구의 인식, 즉 지각은 결코 외부세계(인지된 세계)가 내부공간(눈의 공간)으로 투사된 것으로 규정될 수 없다는 인식과 심각한 갈등을 겪는다. 수학적으로 구성 가능한 상응점 대신 오히려 뉴런의 연결망이 나타나는데, 그것을 통해 헤르만 폰 헬름홀츠의 개념인 이른바 "감각의 집합체Empfindungsaggregate" 전반이 비로소 해석된다. 지금 말한 "뉴런적 인간"이 그의 주변세계를 인지하는 것은, 자극-반응-사슬이 계산 가능하고 수학적으로 복원 가능하게 흐르기 때문이 아니라 기호체계를 해석하고 이를 위해 해석과 항법의 규칙을 만들어내는 그의 능력을 통해서다. 달리 말해 카메라 옵스큐라와 눈의 일치는 19세기 중엽 의학적 지식의 잔재인데, 그러한 지식은 이미 약술한 19세기 후반부의 연구 상황을 볼 때, 당시의 독자적인 신경생리학적 성과를 설명하지는 못하고 아직 지각에 대한 안과학적 연구 수행의 전제만을 설명할 수 있을 뿐이다. 옵토그람은 사물에 대한 전통적 질서의 표상으로서 동시에 극히 생산적으로 그 당시의 연구에 침범해 모든 실험과 이론을 주도했다. 무엇보다도 그것은 색의 지각에 대한 해명에 결정적이었으며 오늘날까지도 확실한 소득이 되고 있는 시홍視紅, Sehpurpur의 발견에 기여한다. 계속 얘기되어온 카메라와 눈의 유사성은 시각적 명증성을 약속해준다는 환영을 가져온다. 동시에 그것은 이러한 비유가 나름의 관념과 연구까지도 지속적으로 특징짓고 있는 은유들을 동원시키고 있음을 보여준다. 그 은유들은 때때로 엄청난 생존력을 지니고 있으며 연구를 통해 오래전부터 반박되어왔음에도 불구하고 계속 존재하고 있다. 이는 우리가 이미 중세 후기에 분출Extromission 이론*과 몰입Intromission이론에 의한 변혁을 볼 수 있었던 상황과 흡사하다. 그러므로 여기서도 19세기 중엽 생리학 연구가 그때까지는 자명한 일이었던 세계와의 연관성을 눈에서 차츰차츰 앗아가기 시작한 반면, 옵토그람과 같은 추론은 반대로 눈의 내부세계를 지각된 외부세계와 다시금 결합시키고자 한다. 즉, 양자의 단절과 재연결은 동시대에 관찰된 두 개의 분산된 사고의 경향이다. 또한 주체에 대한 질문도 새롭

---

* 시각지각은 눈이 방출하는 광선에 의해 만들어진다고 주장한 이 이론은 후에, 시각지각이란 눈에 들어오는 객체의 어떤 표상으로부터 생겨난다는 몰입이론에 의해 대체된다.

게 제기된다. 즉, 내부공간과 외부공간이 세심하게 서로 분리되면서, 옵토그라피에 대한 탐구는 주체의 피난공간을 견고하게 만들고자 한다. 옵토그람의 환상은 결국 주체와 객체의 예리한 분리에서 생겨나는데, 그러한 분리는 재현의 논리를 넘어서 서로 결합되어 있긴 하지만 동시에 경계를 그리며 그 경계 뒤로 하나의 다른 영역이 시작된다. 망막은 내부세계와 외부세계를, 현상의 영역과 대상의 영역을, 또한 표상 영역과 뉴런 진행과정의 영역 사이를 분리시키는 피부로서 기능한다. 옵토그람은 사진의 시각적 명증성을 넘어 이 두 영역 간의 불투과성을 확실하고 견고하게 만드는 것을 목적으로 한다. 반면 동시대의 헤르만 폰 헬름홀츠의 생리학적 광학은 그러한 질서를 파괴하는 완전히 다른 논리를 관철시키고자 한다.

망막은 따라서 또한 두 개의 인식론적 영역을 분리시킨다. 즉, 한편으로는 이제 강력하게 투입된 생리학이 가시적인 것을 "시계視界 속에 있는 유색 평면들의 집합체"[12]로 변형시켜 뉴런의 과정에 내맡기는 반면, 다른 한편으로 기대했던 망막 사진은 그것을 다시 이미지로 합성한다. 그 이미지는 객관성을 시각화하는 임무를 지닌다. 옵토그람이라는 환영은 이러한 양립현상에 대한 시각적 엠블럼이다. 그것은 주관적인 이미지이지만 그럼에도 불구하고 객관성을 보장해야 한다. 옵토그람을 관찰해보면 또한 무엇보다도 지각을 주도하는 신념들이 있음을 볼 수 있다. 생리학적 광학이 학설로서 확실히 관철될수록, 현상 세계의 명증성을 보장한 시각적 저당물을 옵토그람으로써 다룰 수 있으리라는 기대는 더욱 유혹적인 것이 되었다. 어떻게 이러한 하나의 현상이 거의 극복된 보기 콘셉트의 마지막 보루로서 특히 헬름홀츠 개인에 맞서 자리매김될 수 있었는가를 다음의 기이한 일화가 말해준다. 옵토그람의 존재를 확신했던 한 학자는 죽은 백반증 토끼 실험을 통해 헤르만 폰 헬름홀츠의 옵토그라피를 만들어 그에게 보내려 했다. 헬름홀츠에게 이론을 확인시키기 위해서였다. 그러나 그 시도는 좌절되었는데, 그 학자가 얻은 이미지는 아무리 애를 써도 알아보기 힘든 것이었기 때문이었다. 실험의 실패는 짧지만 강렬했던 옵토그람 역사의 마지막 단계에서도 생리학 연구의 일부로 남아 있다. 그것은 하나의 눈으로 본다는 생각, 또한 그것과 외부세계가 수학적으로 거의 일치하리라는 사고가 두 눈을 사용하는 양안의 보기에 대한 해명으로 전환되어야 하는 지각이론의 '예정된 한계점Sollbruchstelle'을 보여준다.

이중의 눈에 대한 이러한 간략한 역사에는 이 외에도 몇몇 요소가 더해진다. 살펴보았듯이, 사진의 발명 이전에 이미 이루어진 입체경의 발명은 생리학적 광학을 새롭게 조정하는 데 결정적 역할을 했다. 이제 입체경은 기술적 영상이라는 최초의 대중매체 중 하나였으며, 19세기에 들어서는 세계 각지에서 온 영상들이 시장에 넘쳐났다. 한편으로 그것은 지각과정에서의 주체의 구성적 역할을 얻어내는 데 기여했지만 다른 한편으로는 바로 이러한 주체는 역설적이게도 스테레오사진의 '현실성 효과'에 기댄 본격적인 이미지 산업의 목표물이 되었다. 미국의 작가이며 수필가인 올리버 웬들 홈스는 그러한 효과의 귀결을 극단까지 밀고나가 확실하게 이용했다. 그는 그 안에서 실제 여행을 감행할 수 있는 하나의 텍스트를 작성한다. 거기에서는 혼자만이 자신의 안락의자에 앉아 입체경을 본다. 이때 입체경들은 그에게 완벽하고 물리적으로 거의 현존하는 것처럼 나타나기 때문에, 그는 이미지만 충분히 존재한다면 기자Gizeh*의 피라미드들이 부서지고 파괴될 수 있으리라는 불합리한 생각을 드러낸다. 그것들이 이미 "물리적으로" 문서로 보관되어 있기 때문이라는 것이다.[13]

동시대의 주체 구성과 주관화인 이러한 이중의 움직임을 미셸 푸코가 "국가적 통치Gouvernementalisierung"라고 한 의미에서 이론상 더 관념적으로 첨예하게 설명할 수 있을 것이다. 그에 관해서는 관찰하는 눈과 관찰된 눈에 관한 장에서 좀더 자세히 살펴보기로 한다. 주체는 한편으로는 지각의 결정적인 요소가 되며, 다른 한편으로는 바로 그 때문에 주체의 지각형태를 주조하고 규정하고 경제적으로 이용하려는 대량 이미지 산업의 대상이 된다. 또 다르게 말해보자면, 주체는 이전에는 재현의 논리에 의해 결합되었던 세계와의 연관성에서 벗어나며 실제인 것처럼 보이는 가상세계 속으로 침잠한다. 예술사가인 린다 헨첼은, 카메라 옵스큐라에서 입체경을 거쳐 동시대 컴퓨터게임의 일인칭 슈터Ego-Shootern에 이르는 발전은 그것 전체가 공간을 섹스화하고 이미지를 만들어냄으로써 굴복시키려고 하는 "공간침투기계"이기 때문에 유사성을 지닌다는 테제를 내세웠다. 그렇게 이해하자면 시각기계가 생산하는 이미지 세계로 침잠하는 체험인 몰입Immersion은 힘의 전략으로서 나타난다. 따라서 3D 테크놀로지를 목표로 해 기술적·상업적으로 대규모 투자를 받은 제임스 캐머런의 영화 「아바타」가 아메리카 인디언들을 중심으로 한 포카혼타스**의 역사를 끌어다 댈 뿐 아니라 자연과 기술·문화 간의 갈등을 중심 대상으로 삼고 있는 것도 놀랄 일은

---

* 피라미드와 스핑크스로 유명한 카이로 부근의 항구 도시

** 인디언에게 처형당하는 캡틴 존 스미스를 구했다고 전해지는 아메리카 인디언 처녀

아닐 것이다. 엄청난 비용이 드는 기술적 수단에 의해 관람자는 그에게 현실로 나타날 뿐 아니라 그를 매료시켜 시각적으로 제압하는 진정한 의미에서의 자연을 보게 된다. 관계는 어느 정도 역전되었다. 즉, 이 장의 처음에 든 예에서는 주체와 객체, 눈과 대상 간에 기하학적으로 확실하게 그 일치가 계산되는 반면, 이제 현실성을 가장 먼저 만들어내는 눈은 이미지들에 의해 프로그램화된다. 이중의 눈은 본격적인 투쟁의 장이다.

Peter Bexte, *Blinde Seher. Die Wahrnehmung von Wahrnehmung in der Kunst des 17. Jahrhunderts*, Amsterdam und Dresden 1999.

Jonathan Crary, *Techniken des Betrachters. Sehen und Moderne im 19. Jahrhundert*, Dresden/Basel 1996.

Jonathan Crary, "Die Modernisierung des Sehens", in: Herta Wolf(Hg.), *Paradigma Fotografie*, Frankfurt/Main 2002, 67~81쪽.

Oliver Grau, *Virtual Art. From Illusion to Immersion*, Cambridge/Mass. 2003.

Linda Hentschel, *Pornotopische Techniken des Betrachters. Raumwahrnehmung und Geschlechterordnung in visuellen Apparaten der Moderne* (=Studien zur visuellen Kultur 2), Marburg 2001.

Friedrich Kittler, *Optische Medien. Berliner Vorlesung 1999*, Berlin 2002.

Ralph Köhnen, *Das optische Wissen. Mediologische Studien zu einer Geschichte des Sehens*, München 2009.

Jens Schröter, *3D. Zur Theorie, Geschichte und Medienästhetik des technisch-transplanen Bildes*, Paderborn 2009.

Bodo von Dewitz und Werner Nekes(Hg.), *Ich sehe was, was Du nicht siehst! Sehmaschinen und Bilderwelten. Die Sammlung Werner Nekes*, Göttingen 2002.

Bernd Stiegler, *Belichtete Augen. Optogramme oder das Versprechen der Retina*, Frankfurt/Main 2011.

Siegfried Zielinski, *Archäologie der Medien. Zur Tiefenzeit des technischen Hörens und Sehens*, Reinbek 2002.

| 6장 |

내면의 눈

자아 이미지와 동일시

〔그림 7〕 신디 셔먼, 「무제 영화 스틸」 #2, 1977

제2장에서 루이 알튀세르를 살펴보며 보았듯이 개인은 심리적 과정을 통해 모든 형태의 이데올로기 혹은 문화적 산물과 서로 연결된다. 여기서 심리적 과정이란 주체의 형성 내지 정체성을 향한 소망을 말한다. 모든 분과학문에서 인정하듯이 20세기에 들어서 정체성은 마침내 파악하기 힘든 개념이 되었다. 포스트모던시대의 정체성은 "갈수록 파편화되고 굴절되고 있으며" 계속 변화를 겪고 있다.[1] 오늘날 자신의 세계상과 가치관, 소속감을 완벽하게 규정하고 보장하는 단 하나의 그룹에 속한 사람은 거의 없다. 사람들이 자아를 찾지 않는다는 말은 아니다. 오히려 무엇보다 확실한 것이 없기에 사람들은 끊임없이 묻고 탐색한다. 나는 누구인가? 나는 무엇이 되고자 하는가? 나는 어느 그룹에 소속되어 있는가? 이런 질문들은 필연적으로 시각적인 관점과 연결되어 있다. 심지어 자아가 처음 형성되는 근원에 시각적인 것이 있다고 주장하는 영향력 강한 이론도 있다. 예술작품이며 구성사진인 앞의 사진 역시 자아 형성과 시각적인 것의 관계에 주목할 것을 강력하게 요구하고 있다. 이 사진은 미국 예술가 신디 셔먼의 유명한 「무제 영화 스틸 Untitled Film Stills」 연작 중 한 점(#2, 1977)이다. 이 연작은 영화관을 찾을 가능성이 있는 사람들을 영화관으로 불러내기 위해 알려지지 않

은 영화의 줄거리와 감정, 분위기를 정확하게 표현해야 하는 상업사진을 지향한다. 철학자 아서 단토는, 셔먼이 실재하지 않지만 사람들이 잘 안다고 생각하는 영화들을 불러내면서 "보편적인 문화적 사고로 가는 길"[2]을 발견한다고 말한다. 단토에 따르면, 셔먼 자신이 주요 여성 사진 모델 역할을 하지만 이 작업에서 중요한 것은 그녀 자신의 초상화가 아니라, "기껏해야 자신의 인생 이야기를 싸구려 영화의 언어로 생각하는 모든 여성과 함께 그녀가 공유하는 정체성의 초상화"[3]다. 그러나 결국 거의 모든 사람이 대중문화의 정형화된 모델에 따라 자신의 인생을 생각한다. 집단적 신화와 스테레오타입을 가지고 벌이는 셔먼의 유희는 (그것을 바라보는 남성들과 마찬가지로) 그것을 바라보는 여성들로 하여금 자신의 현실을 구성하는 역할들에 주목하게 만든다. 당혹감을 유발하는 모멘트를 끼워 넣은 것은 추가적인 성찰의 과정을 발생시킨다. 그것은 "허약함이나 추함, 혹은 상투적인 양식에 들어맞지 않는 어떤 것이 존재하는 사이의 모멘트"[4]다. 「무제 영화 스틸」 연작의 대다수 작품에서는 좀처럼 보기 어려운 주제가 여기서 예로 든 「무제 영화 스틸」 #2에서는 핵심 상징으로 강조되고 있다.

[그림 7]에서는 한 젊은 여성이 욕실에 서서 거울에 비친 자신의 모습을 바라보고 있다. 그녀는 자신의 머릿속에 있는 특정 이미지에 부합하려고 뚜렷이 노력하고 있다. 그런 그녀가 우리에게 상기시키는 것은 주체란 언제나 집단적으로 미리 각인되어 있고 내면화된 본보기들의 '거울' 속에서 형성된다는 사실이다. 그녀가 시각적으로 통제하고 있는 고립된 거울의 이미지(머리 스타일, 화장, 표정 흉내, 손의 포즈, 머리의 자세)와 아직 마무리가 덜 된 '몸의 나머지 부분' 사이에 존재하는 간극

을 볼 수 있다. 수건으로 궁색하게 가린 이 '몸의 나머지 부분'은 포즈를 취하고 있지 않기에 훨씬 더 '자연스러운' 인상을 준다. 몸을 완전히 가리지 못한 것보다 오히려 시각적 통제로부터의 이러한 부분적인 일탈이 사진에 관음증적인 성격을 부여한다. 거울 속에서 '시간을 초월한' 이상적 이미지에 성공적으로 접근하고 있지만 그럼에도 이는 지극히 사적인 순간을 촬영한 것이다. 여성은 거울과 얼굴에 집중하기에 다른 포즈를 취할 기회가 없다. 무엇보다 우리가 그녀를 바라보고 있다는 것을 그녀가 의식하지 못하기 때문에 그렇다.(당연히 우리는 이 순간 모든 자세를 완벽하게 통제하여 시선의 유희를 극적으로 복잡하게 만드는 연기자 신디 셔먼 이야기를 하는 것이 아니다. 우리에게 중요한 것은 셔먼이 무엇을 표현하고 있는가다.) 언급한 관점에 근거하여 볼 때 모방하는 것, 필연적으로 진실하지 못한 것이 장면의 차원에서 이미 가차 없이 드러난다. 일부분만 촬영된 문틀과 촬영 각도는 관음증적인 함의를 강조한다. 말하자면 사진은 한 여성이 어떻게 관찰되고 있는지를 보여주는데, 그 여성은 매체의 지원을 받아 스스로를 바라보고 오직 카메라의 이러한 제한된 초점 내에서 통제와 자신이 추구하는 이상에 도달한다. 여성이 이제 형태를 빚어야 하는, 쉽게 다룰 수 없는 원료를 가지고 '작업하고 있음'이 분명해진다. 그 원료는 바로 여러 과정을 거쳐 비로소 생성되는 자기 자신의 이미지다. 그 이미지는 아직 만들어지는 상태에 있다.

이러한 상황은 최소한 세 가지 차원에서 읽을 수 있다. 우선 주체의 형성이라는 문제, 그러니까 통상적으로 인지되지 못하는 과정을 부각시켜 강조하는 분석자의 시선과 관람자의 시선이 일치하는 정신분석학적 차원이 있다. 두 번째로 젠더 규범 내지 핀업산업과 영화산업의 성적 측면을 매우 강조한 이상형에 부합하려는 여성의 작업의 차원이 있다. 평범한 소녀는 섹시한 포즈, 화장, 금발로 염색한 머리카락의 도움을 받아 기대에 부응하고 인정받고 사랑받기 위해 제2의 마릴린 먼로가 된다. 관람자는 그녀의 그러한 노력을 잔인하게 몰래 엿보며 관음증적 쾌감을 느끼게 된다. 세 번째 차원은 신디 셔먼이 현재까지 시종일관 자신을 사진 연출의 도구로 사용하며 작업한다는 것을 생각할 때 비로소 열린다. 그러니까 그 과정은 셔먼의 구체적인 예술작업을 상세하게 반영하고 있다. 바라보는 시선은 셔먼의 두 입장 중 하나인 사진작가의 입장을 소위 상상적으로 점령한다. 동시에 이러한 통찰은 셔먼의 예술작업 전체를 다른 두 차원의 상징적인 추체험으로 만든다. 셔먼은 다른 곳에서 이미 모델이 만들어진 이미지를 자신 안에서 본보기적으로 완성하는 것이다. 당연히 사람들은 이 활동을 특히 "정체성을 강요하는 구속복",[5] 사회적으로 처방된 여성의 가장假裝과 결부시켰고 셔먼을 페미니스트 예술가로 이해했다. 하지만 셔먼은 어떤 이론으로 자신을 독점적으로 설명하거나 제한하는 것을 별로 달가워하지 않는다. 앞의 사진에 대한 우리의 짧은 분석이 이미 보여주듯이 그녀의 작품 역시 여러 차원에서 읽힐 수 있다.

(당연히 완벽하게 설명하지 못한) 앞의 예는 거울을 보며 점검하는 시선이 이상형과 비슷해지려는 의도적이고 복잡한 시도를 어떻게 대변하는지 분명히 보여준다. 인간 주체의 형성은 개인적이고 '자연스럽게' 이루어진다고 잘못 생각되는데, 이러한 주체 형성 과정의 중심에는 항상 앞서 존재하는 이미지, 다른 어떤 곳에서 유래하는 이상, 그러니까 문화적으로 생성되고 "이전에 이미 보인"[6] 이상이 깃들어 있다. 많은 인

류학자는 (생존에 반드시 필요한) 문화 추구 충동이 인간의 본성이라고 주장한다. 여기에 주체의 형성과 관련하여 타자 없이 '자신'이 될 수 있는 사람은 아무도 없다는 말을 덧붙일 수 있을 것이다. 가장 주관적이라고 오인되는 과정은 언제나 사회성에 기대고 있다. 내면화된 시선 내지 다른 사람들의 인정에 기대는 것처럼 이전의 이상적 이미지에 기대는 것이다.

자크 라캉의 정신분석이론은 상징적 질서(그러니까 사회, 문화)로의 편입의 역할과 특정한 시각적 관점을 특히 강조한다. 그렇기 때문에 거기서 유래하는 소품들이 우리의 논의와 같은 맥락에서 자주 인용되는 것이다. 그 소품들을 원래의 맥락에서 떼어내 사용하는 것은 라캉의 사고를 생각할 때 문제가 있다는 비판을 받는다.[7] 난해하기로 유명한 작가, 지나치게 합리적인 설명을 거부하면서도 무의식적인 것의 간계에 대해 강령을 따르듯 반응하는 작가, 서로 의존하고 설명하는 요인들을 간략히 소개하기 어려울 만큼 방대하고 복합한 체계를 전개했던 작가의 이야기이기 때문에 어느 정도 축약은 불가피할 것이다. 그럼에도 불구하고 중요한 명제인 '거울 단계'에 대한 라캉의 설명을 가능한 한 간단하고 이해하기 쉽게 설명하고자 한다. 이 관점은 시각문화와 주체의 형성에 대한 담론에서 계속 인용되고 있기 때문이다.

그의 초기 텍스트 「정신분석 경험에서 드러나는 자아기능 형성자로서의 거울 단계Das Spiegelstadium als Bildner der Ich-Funktion wie sie uns in der psychoanalytischen Erfahrung erscheint」(1949)에서 라캉은 어린아이가 처음으로 거울 속에서 자신을 인식하는 순간과 "주체의 전체 정신 발전을 규정하는 경직된 구조의 환상적인 정체성"[8]의 관계를 설명하고 있다. 그러니까 출발점은 6개월에서 18개월 된 유아가 거울 속에서 처음으로 자신을 완전하게 인식하고 "자신의 신체에 대한 상상적 이미지"[9]를 그리는 순간이다. 라캉에게 있어 이 순간은 상징적이자 획기적인 상황이다. 심리적인 과정에서 '거울 단계'의 명제가 불러일으키는 모든 것이 실제로 반드시 한순간에 오로지 거울의 이미지를 바라보며 이루어지는 것은 아니다.[10] 그러나 중요한 것은, 외부 세계와 완전히 구분되며 자율적 행동의 능력을 지닌 신체 이미지와 동일시하는 과정에 **오인**의 순간이 있다는 것이다. 그 순간 아이는 자신의 실제 심리와 운동 상태를 넘어서는 통일성과 행동 잠재력을 자신이 갖고 있다고 믿는다. 그때까지 아이는 운동적으로 완전히 자율적으로 행동할 수 없고 감정과 인지적 측면에서도 그의 육체의 여러 기능과 감정들을 조종하는 어머니로부터 아직 완전히 분리되지 못한 상태인데, 그런 아이에게 거울 속 이미지는 '이상적인 자아'로 보인다. 그렇게 아이는 "거울 이마고" 속에서 "그의 육체가 그때까지 줄 수 없었던 통일성과 지속성, 현존과 전능함"[11]을 확인하는 보증을 얻는다. 심리학적으로 말하면, "총체적인 자아와의 관계가 나르시시즘적인 차원에서 시작되는 최초의 순간"[12]이 발생하는 것이다. 신화에서 나르시스는 거울 속에 비친 자신의 모습을 사랑하는 소년으로서 그 사실을 인식하자 자신의 욕망이 실현될 수 없음에 절망한다. 거울 단계에서 이와 비슷한 충족되지 못한 욕망의 차원은 획득한 이미지와 신체적인 자아경험 사이에 필연적으로 간격이 존재한다는 데 있다. 정체성을 보증하는 것은 동시에 도달 불가능한 것의 성격을 갖고 있다. 외부의 이미지를 통해 자신의 모습을 빚을 수밖에 없는 필연성에는 계속되는 소외의 계기가 깃들어 있는 것이다.

“본보기가 없으면 자아의 이미지도 없다.”[13] 이는 신디 셔먼의 사진 속 욕실의 여성이 되어보는 사람이면 누구나 경험하는 것으로서 성인의 일상에서도 일어날 수 있다. 그러므로 유아기의 상황과 연관시키는 것은 “타자인 자기 자신과 하나가 되려는”[14] 평생에 걸친 문제를 해결하는 데 필요한 이론적인 모델(우회적인 최초의 자아 정립이 계속 영향을 미치는 데서 출발하면 또한 원인이기도 하다)을 제시한다. 이 관계를 라캉은 **상상적**이라고 부르고, 거울 현장에서 구성되는 자아('moi')를 상당 부분 통제할 수 없는 무의식적인 '실제의' 자아와 구분한다. 라캉이 생각하는 유아발달에서 순수하게 상상적인 자아는 언어의 '상징적인 질서'가 아버지라는 인물과 결합되어 영향을 미칠 때 다시 한번 변화를 겪는다. 나중에 다른 사람들 혹은 집단적인 이상형들이 이미 세워진 동일시의 거울 논리에 들어오는데 이는 우리 주제에 아주 중요하다. “모든 사회적 결정 이전에” 이미 “**자아**moi의 심급은 허구의 선 위에 있다.”[15] 거울 단계의 고유한 모델에 따라 이후의 모든 동일시 형태는 완전성이나 통일성의 감정이라는 목표로 귀결된다. “실제의 분열을 은폐하면서 집단적 동일시를 통해 어떤 이상이나 우상, 혹은 자신의 존재의 결핍에 부응하는 이데올로기에 매달려 안정을 얻기 위해 주체는 점점 더 상상계의 차원에 있으려는 경향이 있다.”[16] 늦어도 이 지점에서 이데올로기에 의한 주체 호명이라는 알튀세르의 개념(제2장 참조)과 라캉의 거울 단계가 얼마나 비슷한지 드러난다.[17]

라캉은 일시적으로 (언어 이전의) 시각성과 상징적인 언어질서를 극명하게 대비시키는데 이러한 대비와 그의 어휘 때문에 '상상계'가 원칙적으로 시각적인 영역과 같다고 잘못 생각해서는 안 될 것이다. 그러나 시각성과 동일시 과정 사이에서 함께 작용하는 엄청난 심리적 힘들을 더 잘 이해하는 것이 중요하다면 도움이 되는 명제를 다뤄야 한다. 완전성을 향한 욕망은 원래 공생하듯 같이 경험하는 어머니로부터 분리되는 특정 시기부터 필연적으로 활동하기 시작한다. 요약해서 설명한 이러한 역학은 완전성을 향한 욕망의 배경 앞에서 앞서 주어진 모범 이미지가 왜 주체에게 그토록 강렬하고 비합리적인 영향을 끼치는지 이해하게 해준다. 이때 항상 긍정적인 영향만 있는 것은 아니다. 그 자체로 도저히 얻을 수 없는 자아 이미지에 대한 감정에는 언제나 상반된 감정이 함께 담겨 있기 때문이다.

무엇보다도 동일시가 일어나는 영역인 상상계에서 시각적인 것의 역할을 강조하기 때문에 라캉은 영화이론에서 각별한 주목을 받았다. 그가 "모든 시대 영화이론의 주요 개념을 다루고 있다"[18]는 주장까지 있다. 이를테면 영향력 강한 프랑스의 영화기호학자 크리스티앙 메츠는 영화의 기호를 라캉적 의미에서 '상상적'으로, 따라서 유아의 거울 이미지와 같은 동일시역학을 사용하는 것으로 분류한다.[19] 1970년대에 장 루이 보드리는 이와 접목하는 한편 이데올로기 비판 관점을 도입하여 '디스포지티브' 영화(또한 '장치' 이론) 개념을 전개했다. 영화관에 있는 관람객의 상황은 플라톤의 동굴 비유에서 죄수들의 상황과 비슷하다. 관람객은 꼼짝 않고, 영상들의 배후를 물을 기회도 없이 영상들에 내맡겨진다. 관람객은 나르시시즘적인 퇴행을 겪으며 "자신의 육체와 외부세계의 경계가 명확하지 않은 상황에"[20] 처하게 된다. 라캉의 거울 단계를 다시 수용하여 영화관 체험은 유아기 주체 형성의 모방으로 이해된다. 정신분석 훈련이 된 관심이 영화의 내용에서 영화 특유의 인지조건으로 옮겨간 것은 영화의 시선에 대한 페미니스트적인 비판에도 중요하다. 특히 로라 멀비의 논문 「시각적 즐거움과 내러티브 시네마Visual Pleasure and Narrative Cinema」(1975)에서 시작된[21] 페미니스트적 시선비판은 정신분석의 뒷받침을 받아 할리우드 고전영화의 카메라 시선과 남성의 시선, 그러니까 움직임이 정지되고 (페티시의) 대상이 된 여성 혹은 이와 동일시하기에 적합한 행동을 하는 남성을 바라보는 남성의 시선을 같이 고찰하는데, 이러한 방식은 여기서 나온 다른 방식과 더불어 셔먼의 사진을 분석하는 데도 자주 적용되었다.[22] 이는 분명 개인에게 제시된 문화적인 규정, 익숙해진 젠더 즉 사회적으로 형성된 성별 특성의 핵심 분야에 대한 혁명적인 이론적 접근이라고 하겠다. 이러한 고찰은 영화이론을 넘어 (장치적인 혹은 다른 기존의) 바라보는 특정 방식이 어떻게 성性의 형성 내지 집단적인 동일시 가능성에 영향을 미치는지에 대해 중요한 질문을 던진다. 마찬가지로 비슷한 역학에 따라 인종과 이성애 규정, 즉 이성을 향한 욕망에 대한 문화적인 명령과 같은 범주와 연관하여 물을 수 있다. '백인의' 시선 혹은 대안이 없는 이성애적 시선은 어디서 그리고 어떻게 습득되고 훈련되었는가? 예술사에 눈길을 돌리면 여기서도 수백 년 동안 능동적으로 바라보는 것을 남성적인 것으로 이해하고, 반면 여성은 시선을 받는 객체로 만드는 경향이 보인다. 예술사가 린다 헨첼은 문제의 초점을 더욱 이동시켜 마침내 중심투시기법 이래로 남성의 시각적 쾌락을 위해 공간과 여성의 육체를 장치적으로 오버랩한 것에 주목했다. 헨첼에 따르면, "시각적인 장치는 여성의 이미지 위상을 적극적으로 생산할 뿐 아니라, 그만큼의 권력을 가지고 공간의 성적인 위상에 투자한다."[23]

마지막으로 주체 형성의 문화적 차원에 중요한 내면화된 타자의 시선이라는 논리를 좀더 정확하게 살펴봐야 한다. 여기서도 매체적인 함의가 보인다. 거울 단계를 다시 분석해보자. 거울 단계에서 어린아이는 자신이 다른 사람들에게 어떻게 비치는지 자연스럽게 학습한다. 표본이 되는 구체적인 거울 체험에 얽매이지 않는다면 어머니(혹은 밀접한 관계를 맺고 있는 다른 인물들)와의 거울 관계가 특히 중요해지며 객관화의 최초 경험이 된다.[24] 다른 사람들도 자신을 볼 수 있다는 사실을 깨닫는 순간 아이는 기대에 부응하는 문제를 걱정하기 시작한다. 외부의 시선이 시선과 연관된 기대와 마찬가지로 내면화되는 것이다. 그러므로 언어를 습득하고 언어의 상징적 질서에 들어가기 전인 거울 단계에서 이미 문화가 영향을 미치고 있다. 라캉의 용어 '응시'(프랑스어 regard, 영어 gaze)는 이처럼 주체 밖에 있으면서 동시에 내면화된 시선을 받는 것을 의미한다. "나는 오직 한 점에서부터 보지만, 사방에 나의 존재를 보는 눈이 있다."[25] 이 역학에 담긴 더 많은 함의와 연관하여 라캉을 수용한 카자 실버먼의 이론을 살펴보기로 하겠다. 영화학자이자 미술학자인 실버먼의 성찰은 영미권의 시각문화연구에도 널리 수용되어 그곳의 이론 형성에 기여한 바 있다.[26]

실버먼은 인간의 주체성은 항상 비춰지는 것에서 이미 형성되며 이때 역사적 색인을 가진 매체적 상황이 중요하다는 것에서 출발한다. 그러니까 내면화된 외부의 관찰을 결정하는 주도적인 매체가 있다는 것이다. 빌렘 플루세르와 수전 손택, 롤랑 바르트의 이론을 끌어오며 실버먼은 사진과 포즈의 주요 역할을 강조한다. 실버먼에 따르면, 우리는 상상의 파인더를 통해 세계를 인지하지만 거꾸로 우리가 항상 카메라의 시선을 받고 있다고 착각한다. 수전 손택의 표현을 빌려보자. "우리는 카메라의 눈으로 우리 자신을 보는 것을 배운다. 매력적인 자세를 취한다는 것은 사진에서 멋지게 보이리라는 걸 믿는 것에 다름 아니다."[27] 시간을 정지시키는 사진은 영화 카메라의 움직이는 이미지와는 비교할 수 없을 만큼 우리 자신의 안정된 이미지를 얻게 해준다. 정도의 차이는 있지만 우리는 끊임없이 육체적으로 사진 찍히는 상황을 기대하고 있다. 오늘날 사람들은 사진과 다른 그림들이 이미 제시한 포즈로 자신을 보여준다고 말할 수도 있다. "포즈는 기존의 그림이나 시각적인 모습을 모방할 뿐 아니라 무엇보다 사진 자체를 모방하고",[28] 살아 있는 육체를 '죽이는' 사진의 전형적인 성격을 선취한다. 영화 세계의 중요한 역할을 논의하고 있지만 역시 **입상**立像에 기대고 있는 신디 셔먼의 「무제 영화 스틸」은 포즈의 이러한 역할을 부각해 상기시킨다. 실버먼에 따르면 포즈를 취한 결과 주변 공간은 '장소' 즉 소위 무대배경으로 변하고, 몸에 걸친 옷은 무대의상으로 변한다.

신디 셔먼의 사진들과 그러한 상황에 대한 예술가적인 성찰은 깊은 생각 없이 진행되는 과정을 명확하게 만들어 눈앞에 보여준다. 이 장 처음에 설명한 예에서 카메라가 거울을 향한 시선을 고정시키고 노출시키듯이 그것은 우리 자신을 바라보는 외부의 시선을 더 의식하고 더 폭넓게 바라보는 입장을 열어준다. 셔먼의 사진에서 보이는 당혹감의 모멘트는 문화적 이상형을 따를 때 거울 저편에 있는 '몸의 나머지 부분'에 있다. 그것은 관람자로 하여금 연관관계를 의식하게 만들거나 혹은 그 배경을 묻게 만든다. 거울 속 여성은 포즈 속에 완전히 사라지지 않는다. 그녀의 상상적 자아는 분명 그녀 육체의 저편, 거울에 존재한다. 여기서 거울은 거의 피할 수 없을 만큼 주체를 둘러싸고 있는 문화적인 이미지 공식과 규정, 수많은 거울이 있는 진짜 **거울의 방**을 대변한다. 개인과 문화를 이어주는 이미지 목록에 대해 실버먼은 다시 라캉의 (이미지)스크린(프랑스어 écran, 영어 screen) 개념을 사용한다. 라캉에게서 다소 불명확하게 사용되는 이미지스크린은 라캉에게 있어 기만의 성격을 띤 이해가 탄생하는 일종의 산실과 같은 것으로서 이를테면 치료 시나리오에서 중요한 의미를 갖는다.[29] 하지만 우리는 실버먼이 사용하듯이 특별히 '문화적인 이미지 목록'을 의미하는 스크린 개념에 머무르기로 하자. 카메라를 "일차적인 이미지스크린으로" 정의하고 내면화된 '사진 찍히기'와 라캉이론의 밀접한 관계를 강조하면서 실버먼은 이론에 "새로운 방향을" 제시한다.[30] 스크린을 의식하며 생길 수 있는 유희의 모멘트에서 실버먼은 무엇보다 얻고 싶은 인정과 연관하여 다음과 같이 엄격하게 제한하고 있다. "포즈는 (…) 사진이 육체에 찍은 각인으로 이해되어야 하지만 주체는 이를 반드시 의식하지는 않는다. 포즈는 빈번하게 육체에 투사되어 주체가 심리적으로 그리고 육체적으로 동일시하기 시작하는 이미지의 결과일 수 있다."[31]

실버먼에게 셔먼의 「무제 영화 스틸」은, "주체는 오직 문화적으로 사용 가능한 이미지[스크린] 창고에서 유래하는 이미지를 통해서만 자신을 보여줄 수 있으며, 주체는 이 창고에서 가장 매력적이고 사회적으로 가장 인정받는 이미지를 고른다는 것"[32]을 보여준다. 우리의 분석에서 덜 이상적으로 보이는 몸과 같은 세부 사항은 이러한 노력을 강조하거나 그 노력이 실패했음을 명확히 보여준다. 실버먼에 따르면, 관람자는 어떤 이미지가 아니라 오히려 자신이 그러한 규범의 주체임을 인식

(자각)하고, 스크린의 영향을 통찰할 의무가 있다. 집단적으로 이용 가능한 본보기들의 풀, 그러니까 실버먼의 해석에서 스크린에서 유래하는 어떤 본보기는 특히 빈번하게 이용되며 그래서 집단적인 규범을 제시한다. 그 본보기들은 이 장 서두에 말한 "이전에 이미 보인 것"을 표현한다. 몇몇 핵심 특징은 벌써 특정 타입을 다시 인식하고 신중하게 평가하게 만든다.

실버먼은 셔먼의 작품과 같은 예술적인 개입을 통해 의식화하는 것을 넘어서 역시 예술작품을 통해 나중에 열린 "어긋나게 바라보는 방식"[33]에 이 딜레마를 벗어나는 해결책이 있다고 생각한다. "나르시스적인 야망"이 보이긴 하지만 셔먼이 스스로 실현한 존재에 섬세하게 부여한 가치 평가는 불완전한 것과의 일종의 연대적인 동일시를 하도록 이끌고, 이와 발맞추어 마침내 그러한 독서가 널리 전파되면 스크린을 새롭게 짤 수 있을 것이다. 그러면 "지금까지 조명되지 못한 부분이 부각되고, 오늘날 규범적인 표현으로 보이는 것은 어두워진다."[34] 그러므로 목표는 이런 방식으로 문화적 목록에서 가능한 한 복잡한 다수의 이전 모범 이미지들을 불러내는 것이다. 그러나 유감스럽게도 실버먼의 더 중요한 공로는 예술이 사회적인 모범 이미지의 구조를 바꿀 수 있다는 희망보다는 스크린의 영향과 규범적인 스테레오타입에 대한 설명에 있는 듯하다. 이로써 시각문화 분석의 중요한 문제가 언급되었다. 현재 학문이나 예술가들이 발견한 특정 역학을 살펴보는 것이 익숙해진 이데올로기와 상당 부분 무의식적으로 이루어지는 과정의 변화에 얼마만큼 기여할 수 있을까? 실버먼은 자신의 프로젝트를 "시각 분야의 윤리학"[35]으로 이해하는데, 그 윤리학은 어떤 형태일 수 있을까? 이 문제는 소비하는 눈을 다루는 장에서 이데올로기 비판과 연관하여 다시 다룰 것이다.

참고문헌

Jean-Louis Baudry, "Das Dispositiv: Metapsychologische Betrachtungen eines Realitätseindrucks", in: Claus Pias u.a. (Hg.), *Kursbuch Medienkultur. Die maßgeblichen Theorien von Brecht bis Baudrillard*, 5. Aufl., Stuttgart 2004, 381~404쪽.

Claudia Blümle und Anne von der Heiden (Hg.), *Blickzähmung und Augentäuschung. Zu Jacques Lacans Bildtheorie*, Berlin 2005.

Mikkel Borch-Jacobsen, *Lacan*, München 1999.

Thomas Elsaesser und Malte Hagener, *Filmtheorie zur Einführung*, Hamburg 2007.

Jacques Lacan, "Das Spiegelstadium als Bildner der Ich-Funktion, wie sie uns in der psychoanalytischen Erfahrung erscheint", in: ders., *Schriften I*, Frankfurt/Main 1975, 61~70쪽.

Nicholas Mirzoeff (Hg.), *Visual Culture Reader*, London und New York 1998, darin: "Part Five: Gender and Sexuality", 391~480쪽.

Laura Mulvey, "Visual Pleasure and Narrative Cinema", in: dies., *Visual and Other Pleasures*, Bloomington und Indianapolis 1989, 14~26쪽; dt. in: Liliane Weissberg (Hg.), *Weiblichkeit als Maskerade*, Frankfurt/Main 1994, 48~64쪽.

Gerda Pagel, *Jacques Lacan zur Einführung*, 5. Aufl., Hamburg 2007.

Kaja Silverman, *The Subject of Semiotics*, Oxford 1983.

———, *The Threshold of the Visual World*, New York und London 1996, einschlägige Auszüge auf Deutsch in: dies., "Dem Blickregime begegnen", in: Christian Kravagna (Hg.), *Privileg Blick. Kritik der visuellen Kultur*, Berlin 1997, 41-64쪽.

Slavoj Žižek, *Lacan. Eine Einführung*, Frankfurt/Main 2008.

| 7장 |

관찰하는 눈

판옵티콘에서 CCTV까지

〔그림 8〕 프리츠 랑의 CCC(Chaos Computer Club, 유럽 최대 해커 연합)영화 「마부제 박사의 천 개의 눈」(서독, 1960)의 포스터

[그림 8]의 포스터로 잘 알려진 프리츠 랑의 1960년 작 영화 「마부제 박사의 천 개의 눈」과 토니 스콧의 1998년 작 「국가의 제1의 적」 그리고 열 시즌 이상 지속된 「빅 브라더」*는 하나의 공통점을 지니고 있다. 바로 중심 주제가 감시라는 것이다. 후기 마부제 영화에서는 카메라가 설치되어 있는 곳이 여전히 나치시대의 호텔이었던 데 반해 윌 스미스와 진 해크먼이 나오는 미국 블록버스터 영화에서는 이미 복합적인 컴퓨터 네트워크가 등장했다. 이 네트워크는, 권력욕에 사로잡힌 부패한 정치가들이 여러 가지 데이터베이스를 통해 위치정보를 망으로 연결하여 죄가 없는 것이 자명한 주인공들을 추적하기 위해 약도, 차량 운행시간표 그리고 전화위치추적 및 신용카드정보 등을 맘대로 사용하도록 허용한다. 반대로 「빅 브라더」에서는 매체 디스포지티브가 연출된다. 이는 시청자에게 관찰자의 역할을 하도록 만드는데, 이 관찰자는 기본 설정과 장면들을 통해 컨테이너 속에서 진행되는 삶을 들여다본다. 사람들은 일정 기간에 걸쳐 컨테이너 속 삶을 날마다 쫓아간다. 그러면서 동시에 출연진들의 계속적인 참여 여부를 투표를 통해 결정

* 미국의 리얼리티 TV 프로그램

할 수 있게 함으로써 능동적이면서도 수동적인 참여를 하도록 요구받는다. 이 세 가지 예는 「패닉 룸」 「마이너리티 리포트」 「타인의 삶」에서 「트루먼 쇼」 그리고 마지막으로 맨체스터 아른데일 쇼핑센터에 설치된 160개 카메라의 촬영만으로 이루어진 영화 「듀얼리스트」에 이르는 수많은 예 중 몇 가지일 뿐이다.[1] 비슷한 형식으로 마누 루크쉬의 「정체불명 Faceless」이라는 한 시간짜리 영화가 있는데 법에 따라 공적으로 이루어지는 감시 카메라의 촬영에만 의존했다. 촬영 장면에서 카메라 자체도 볼 수 있다.[2] 저녁에 텔레비전에서 추리영화를 보다 보면 수사관은 종종 CCTV, 소위 비디오 감시 촬영기록에 의존하곤 한다. 광고방송에서는 안전하게 비디오로 감시가 이루어지는 집과 가정의 행복을 광고한다. 오락문화의 예들이 분명히 보여주는 것은, '폐쇄회로 텔레비전 Close Circuit Television' 즉 약어로 CCTV라고 불리는 비디오 감시라는 사회현상의 주제 범위가 조지 오웰의 전설적 작품인 『1984』에서 영향력 있는 허구의 형태를 획득한, 포괄적 감시국가라는 위협적인 비전에서부터 시작하여 소설의 모티브 **빅 브라더**를 리얼리티 TV 분야에서 오락 산업의 일환으로 인수하는 데까지 이른다는 것이다. 따라서 이는 사적 영역의 침해로부터 사적 영역의 보호에까지 이른다. 한편으론 디스토피아 내지 반유토피아 비전이 있고, 다른 한편으로는 사회진단 기능을 거의 요구할 수 없는, 텔레비전 오락 연재물이 있다. CCTV를 통한 공적 통제와 오락산업을 통한 공적 통제의 대중화는 분명 같이 가고 있다. 다른 방식이긴 하지만 CCTV가 프로그램으로 설정했던 지각 형태에 텔레비전 방송이 익숙해지고 있는 것처럼 보인다.

예들을 전체적으로 살펴볼 때 왜 CCTV가 동시대 시각문화 분석에서 자주 등장하는가 하는 점이 분명해진다. 여기서는 개별 장면이나 개별 매체가 중요한 것이 아니라 복합적 디스포지티브가 관건인데, 이는 관찰자와 피관찰자, 사적 공간과 공적 공간 사이의 설명하기 어려운 관계뿐 아니라 사회적 질문들을 필수적으로 포괄하고 있다. CCTV는 분명 사회적이라 할 수 있는 이미지, 매체 그리고 지각의 실제다. 또한 이는 더 자세히 분석해보면 사회의 이미지이자 개인의 이미지를 드러내준다. 그것은 시각성의 형식과 관련이 있고, 이 시각성은 사회 내의 시각적 상호작용에 대한 문제 그리고 주관성 내지 개인성에 대한 문제를 던진다.

여기서 다섯 개의 중요한 질문이 제기된다.

- CCTV는 사회가 변화했음을 보여주는 징표인가?
- 관찰자와 피관찰자 사이의 상관관계는 어떻게 규정되는가?
- 사적 공간과 공적 공간의 관계는 CCTV의 관점에서 어떤 방식으로 설명할 수 있는가?
- 감시는 주체성과 개인성의 문제도 포함하는가?
- (다소 놀라울 수도 있겠지만) 마지막으로, CCTV도 음모론과 어떤 관계가 있는가?

사회 변화의 지표로 적절하게 CCTV를 설명하기 위해 우리는 우선 이 감시 매체의 역사를 간략하게 되돌아보아야 한다. 또한 비디오 감시가 얼마나 많은 매체 기술을 군사적 맥락으로부터 가져왔는지를 돌아보아야 한다. 최초의 비디오 감시시설은 페네뮌데에서 A4 로켓의 발사를 감시하는 데에 이용되었고, 이후에는 제트기, 우주선 그리고 무인항공기의 비행을 분석하기 위해 또는 원자력 발전소에서 접근하기 어려운 영역을 보기 위해 개발된 첨단기술 응용 분야에서 사용되었다. 오늘날 대부분의 항공기에서 승객은 보드 카메라를 다루는 몇 개의 보기 중에서 선택할 수 있다. 그러나 여기서도 역시 전쟁과 관련된 기능이 중요하다는 것은 제2차 걸프전 때 이루어진 사막의 폭풍 작전 보도가 보여주었다. 이는 실시간 촬영의 일부로서 '텔레비전 전쟁'을 위한 미사일의 관점에서 촬영된 사진 또는 미국 비행기에서 촬영된 사진들이었다. 미사일의 비디오 감시는 정보정책이 되고 있다.

공공장소에 처음으로 CCTV가 설치된 것은 1960년대였지만 1990년대에 와서야 비로소 중요성을 획득했다. 이미 1973년 뉴욕 타임스스퀘어에 이 장치가 설치되었지만, 도시공간 전체를 비디오카메라가 감시하게 된 것은 훨씬 더 이후였다. 1998년에 뉴욕 시내에 3000개의 시스템이 설치되었다. 2005년에는 개별 영역에서 7년 전보다 5배 더 많은 카메라가 설치된 것으로 나타났다.[3] 그 이후 수는 계속 증가하여, 특히 2001년 9월 11일 테러 이후에는 공공장소의 CCTV 설치가 대폭 확산되었다. 테러와 감시의 연결은 아일랜드 공화국군의 공격 후 CCTV를 대량으로 설치했던 영국에서도 발견된다. 오늘날 영국은 CCTV의 밀도가 가장 높은 나라로, 약 400만 개의 카메라가 설치되어 있다. 런던에만 해도 약 50만 대가 있다. 영국에 사는 모든 거주자는 평균적으로 하루 약 300번 정도 카메라에 찍히게 된다. CCTV기술은 이제 고속도로 통행료 징수를 위해, 주택, 아파트, 상점의 개인 안전을 위해, 산, 스키 슬로프, 스키장의 웹카메라로 또는 열차의 수하물 운송을 위해 사용된다. 일부 사용처만을 언급하자면 그렇다. 몇 년이 지나면서 매체 디스포지티브는 더욱 복잡해졌다. 아주 간단한 형태는 폐쇄회로 카메라 및 모니터로 구성되어 있지만, 처음에 비디오레코더로 시작하여 나중에는 네트워크 구축 가능성을 포함한 데이터베이스가 더해져서 자료 보관 기능을 지닌 정규 감시 네트워크가 구축되었다. 나아가 이제는 알고리즘 기반 처리 방식을 통해 이미지 데이터를 질적으로 평가하는 것이 기술적으로 광범위하게 가능하여, 대도시에서 사람이 움직이는 행로 또는 트럭이 전국에서 움직이는 행로를 추적하고 재구성할 수 있다. 이런 일이 도처에서 일어나지 않는 것은 결국 무엇보다 매우 상이한 요구사항 내지 제약 조건을 제공하는 정보 보호 책임자와 법률 덕분이다.

영어권에 확립되어 있는 감시연구Surveillance Studies에서는 이 추세를 사회 변화의 징조로 해석했다. 위험사회에서 안전 및 통제사회로의 변화, 즉 (울리히 벡의 유명한 저서 『위험사회』에 따르면, 실업의 경제적 요인에서부터 생태학적 질문에 이르기까지) 위험을 감수하는 대신 예방하고 감시하는 사회로의 전이를 관찰할 수 있다. 따라서 CCTV 기술의 설치와 확산은 일이 벌어진 후 범죄용의자 또는 비정상적인 사람을 식별하는 데 기여하기보다는 갈수록 일탈이나 범죄행위의 조기 발견과 예방에 오히려 더 기여하게 된다. 이러한 의미에서 CCTV는 정상화를 위한 시각적 실천이다. 왜냐하면 '눈에 띄는' 사람을 찾아서 감시하게 되기 때문이다. 다른 모든 사람에게는 표준을 준수하고 '눈에 띄게' 행동하지 말라는 명령이 적용된다. 관찰된다는 사실을 안다는 것은 피관찰자 쪽에서 볼 때 이미 행동에 영향을 주게 되어 있다. 반면 관찰자 측면에서는 정보를 모아서 재해가 발생하기 전에 의심스러운 사람이나 사건을 필터링할 수 있다. 예를 들면 시카고에는 CCTV가 서로 연결되어 있고 데이터 분석 프로그램이 있어서 정처 없이 배회하는 사람을 자동적으로 식별해 특별 모니터에 표시할 수 있다. "사회기술적 조치"[4]로서의 CCTV는 관찰된 주체의 행동 변화와, 또한 공간을 분석 가능한 개인화된 정보로 분해하는 것을 목표로 하고 있다. CCTV는 직간접적으로 주체를 통제하는 데에 초점을 맞춘다.

그렇다고 해서 주위에 카메라를 광범위하게 설치하는 것이 과연 잘하는 일인가에 대해서는 논란의 여지가 있다. 예를 들어 주차장 감시와 같은 개별 영역을 보면 범죄의 감소가 나타났으나 대부분의 관찰 대상에 대해서는 그렇지 않다. CCTV는 도시공간의 엄청난 변화와 연결되어 있지만 때로는 그 역동적 변화와 명백하게 발맞춰 나아갈 수 없었다. 촬영된 이미지를 정보기술적으로 이용하는 것과 관련하여 다시금 주목해야 할 것은 보통의 경우 어느 누구도 촬영된 장면들을 볼 수 없고, 오로지 통제실에서만 녹화되며 모니터에 나타난다는 사실이다. 그래서 CCTV는 오히려, 자신이 관찰되고 있다는 분명한 암시와 대개 뚜렷하게 볼 수 있는 카메라로 인해 표준에 맞게 행동해야 하는 피관찰자를 겨냥하는 것처럼 보인다. CCTV는 주체 관찰 프로그램을 의도적으로 계획한다. 영국 범죄학자 클라이브 노리스는 구체적인 데이터보다는 계산된 효과를 포함해서 전체 감시 디스포지티브가 더 중요하다는 것을 명백히 증명했다. 그는 소도시 또는 쇼핑몰 정도에 해당되는 도시 내부에 설치된 80개의 카메라로 이루어진 CCTV 시스템에서 하루에 1억7280만 개의 사진(각 카메라에 초당 25 프레임)이 기록되고 있다는 것을 계산해냈다. 이는 단순히 작업할 수 있는 분량이 아니다. 또한 형사

절차의 운영 가능성을 감안해볼 때 그는 지극히 냉정한 결론에 이른다.[5] 그럼에도 불구하고 바로 이 명백한 모순으로 인해 매우 주목할 만한 사회적 현상이 나타난다. 이 주제에 관해 최고의 책들을 쓴 디트마어 카메러에 따르면 CCTV는 "도구라기보다는 우리 시대의 문화적 증거"로, 그리고 "실제라기보다는 사회의 상태"로서 이해되어야 한다.[6]

그러나 디지털 데이터 수집이나 '데이터 감시 능력' 분야, 소위 뒤에 남은 디지털 흔적을 체계적으로 수집 및 사용하는 분야에서는 상황이 많이 다르다. 사진자료는 포괄적인 지도 제작(매핑)의 일부에 지나지 않으며, 소비자에게도 눈에 보이는 상당한 결과를 초래하는 데이터 정리다. 이런 현상은 페이스북에 모인 데이터나 구글 로드뷰 그리고 개인정보 보호에 대한 논쟁뿐 아니라 이미 이루어진 구매 또는 단순히 입력된 특정 검색어에 따라 제시되는 추천상품을 통해 볼 수 있다. 중대한 변화를 겪은 사회가 이러한 매핑을 수용한 것을 보여주는 역사적인 예가 있다. 독일에서 1987년에 이루어진 인구 조사는 여전히 심한 공적 비판을 받았으며 그 당시 상당한 저항운동을 일으켰던 데 반해 고객 정보 수집, 소셜 네트워크, 공공기관의 정보 수집에 대해서는 수집된 데이터의 질이 훨씬 높아지고 있음에도 오늘날 비교적 저항이 약한 편이다. 또한 개인의 사진을 빈번히 무비판적으로 그리고 일어날지도 모르는 결과를 고려하지 않고 온라인에 올리는 일들을 관찰할 수 있다. 인터넷은 사적 공간과 공적 공간 사이의 인터페이스로 기능하며 그것의 경계는 상호 침투가 가능하다. 이 또한 시각문화(들)의 가능한 분석 대상이다. 물론 여기서 그 부분을 계속 논의할 수는 없다.

CCTV가 빅 브라더의 공적 영역 진입을 의미하지도 않고, 방범을 위한 만병통치약이 나왔다고 축하파티를 열지 않는다고 해도 CCTV의 시각적 차원에 대해서는 바로 위에서 언급된 현상을 다루는 두 가지 관찰을 또한 확인할 수 있다. 한편으로 CCTV를 통해 성찰적 자기 관찰이라고 표현할 수 있는 특별한 인지 형태가 만들어진다. 우리는 모든 것을 포괄하는 내면화된 신의 시선을 지닌 문화적 원형 장면을 이미 다루어 알고 있다. 다른 한편으로 이 시스템의 작동은 공간의 시각적 조직 형식으로 이루어진다. 공간의 시각적 조직 형식은 사적 영역이 공적 영역과 맺는 관계뿐 아니라 공간 인지 방식까지 전체를 포함하며, 전략적 분할이라고 부를 수 있다.

시각문화연구의 분석에서 미셸 푸코의 판옵티즘이라는 유명한 모델은 일반적으로 이러한 현상을 설명하고 기술하는 데 사용되는 참조이론이다. 푸코가 1970년대 중반에 쓴 『감시와 처벌』에서 설명한 이 모델을 좀더 자세히 살펴보겠다. 이는 우연히 나온 것이 아니며 CCTV의 실제 사용은 푸코가 "통치화"라고 부르던 것의 대표적 예를 보여주고 있다. 푸코에게 중요한 것은 감시와 통제의 실천과 더불어 예속과 억압의 지나간 모델을 교체할, 권력의 새로운 이론을 구상하는 일이다. 이론사적으로 볼 때 마르크스주의 권력모델의 틀에서는, 이미 안토니오 그람시와 앞서 나왔던 알뛰세르에게서 주체를 적극적으로 개입시키는 가운데 권력을 역동적으로 사유하는 관점이 나타난다. 알뛰세르에 따르면 주체는 주체 그 자체가 되기 위해 행동한다. 다시 말해서 주체는 주체와 분리될 수 없는 심급에 의해 목표 대상이 되어 기만당하거나 심지어 강요당하기 때문이 아니라, 이데올로기의 의미에서 자발적으로 행동하는 것이다. 같은 맥락에서 푸코는 주체라는 것을, 금지하지 않고 생산적이며, 방해하지 않고 자극을 주는 식으로 나타나는 권력의 일부라고 생각한다. 그는 디스포지티브, 미시물리학, 권력의 생산성에 관해 말한다. 푸코에 따르면 "권력은 긍정적 효과를 지니고 지식을 생산하고 욕구를 불러일으킨다. 권력은 사랑스러운 것이다."[7] 단순히 지배자와 피지배자 그리고 소망이나 욕망 혹은 성의 억압만 있는 것이 아니다. 푸코의 테제는 주체화의 형태, 즉 주체가 스스로를 인지하고 구성하는 방식이 곧 통치의 형태, 즉 사회가 구성되는 방식이기도 하다는 것이다. 주체는 강요받지 않고 스스로 조직하고 결정하고 행동함으로써 이것을 수행한다. 여기서 결정적인 것은 그 주체가 자신을 에워싸고 있는 기술을 능동적으로 연마한다는 것이다. 이런 식으로 주체는 권력의 외부에 있지 않으며 항상 사회적 권력 디스포지티브의 부분이자 주체화 과정의 대상이 되며 지식 형태에 연결되어 있다. 푸코는 자신의 생각의 변하지 않는 상수常數로서 이 세 영역을 제시한다. 그에게 중요한 것은 지식의 형성, 권력관계 그리고 자기구성 양식이다. 다른 용어로 표현하면 진실 검증 방법, 통치 기술들, 자기 자신을 다루는 실천 방식들이다. 그러나 추상적으로 들리는 이러한 규정들이 감시 기술과 무슨 관계를 맺고 있는가?

CCTV를 보안을 위한 시도로 이해한다면 이 기술은 피관찰자가 관찰됨으로써 더 안전하게 느끼기 때문에 피사체를 필수적으로 포함하는 이중의 구성 요소를 지니고 있다.[8] 여기서 전 장에서 라캉 내지 실버먼이 말한, 주체를 향한 타자의 내면화된 시선과의 특정한 구조적 유사성이 나타나게 된다. 그러므로 공공안전 보장뿐 아니라 관찰되는 주체 측에서 느끼는 안전하다는 느낌, 마음이 중요하다. CCTV는 거리를 두고 지배하는 도구로서 "자신을 통제하고 숙고하는 개인을 이미 전제하고 있다."[9] 따라서 그러한 도구는 자기 관찰과 필수적으로 상관관계를 맺고 있는 외부 관찰을 목표로 두고 있으며, "기술이 제 편에서 자기통제 체제를 환기시키게 됨"[10]을 분명히 한다. 감시 기술은 자기 자신의 테크놀로지와 손잡고 가고 있다. 동시에 관찰자의 측면에서는 표준에 부합하지 않는 개별 부분 또는 개체를 식별함으로써 공간을 스캔하고 전략적으로 분해하는 방법이 중요하다. 따라서 CCTV는 어디에나 설치 가능할 뿐 아니라 매우 상이한 요구사항에 유연하게 적응할 수 있다. 이는 공공장소의 범죄 예방에만 중요한 것이 아니라 원자력 발전소의 기술적 결함에도 중요하다. 그러나 원자력 발전소의 경우는 수리가 필요한 반면 사회라는 몸은 광범위하게 자동조절되는 것으로 나타난다. 좀더 낫게 기능하기 위해서 주체는 스스로 통제해야 한다. 그리고 그것은 타자관찰을 통해서 이루어져야 하며, 이 타자관찰은 자기관찰로 전이되어 훨씬 더 효율적으로 기능하게 된다.

미셸 푸코는 저서 『감시와 처벌』에서 역사적인 간결한 예를 들어, '개인들의 테크놀로지'[11]라는 이 주체성이론 내지 사회이론 모델을 설명했다. 이는 이른바 판옵티콘[원형감옥]으로, 18세기 말 영국의 공리주의자 제러미 벤담에 의해 설계되었다. 벤담은 그것을 건축적 구상으로 고안했는데 이는 다양하게 현실적으로 실현되었으며, 교도소, 학교, 공장, 빈민구호소 또는 병원, 막사 같은 훈련시설의 모든 형태에 적합한 것으로 간주되었다. 그것은 원형 건물인데, 그 중심에는 감시탑이 있고 그 주위를 둘러서 관찰될 수 있는 공간인 개별 감방들이 그룹을 지어 있다. 이 감방은 탑에서 언제나 들여다볼 수 있으나 피관찰자는 자신이 감시받는지 아닌지를 볼 수 없다. 여기에 다시금 히에로니무스 보스의 신의 눈이라는 도식적인 구성이 등장하는 것은 우연이 아니다. 목적은 권력관계의 내면화, 즉 외부관찰의 자리에 들어서는 자기관찰의 확립이다. 수감자는 자신이 감시당하는지 알지 못하기 때문에 점차 자기 감시와 자기통제를 습관화한다. 푸코가 판옵티콘 감옥을 주체성 계보학의 맥락에 위치시킨다면, 그것은 여기서 권력 메커니즘으로서의 시각성을 뜻하는 자기 자신의 테크놀로지라는 의미에서 이루어진다. 이는 시각문화 분석에서 이 모델이 지닌 매력을 구성하는 것이기도 하다.

사회학자 지그문트 바우만은 푸코의 모델을 변형된 형태로 포스트모던 사회에 적용하기 위해 그 모델에 관심을 가졌다. 바우만의 이해에 따르면 포스트모던 사회는 포스트판옵티콘의 질서를 지니고 있다. 중앙집권제 대신 유연하고도 공간적으로 묶여 있지 않은 모바일의 감시 방식이 들어선다. 이 방식은 벤담의 판옵티콘과 유사하게 기능하며 전적으로 푸코의 의미에서 권력을 복종이 아닌 생산성으로서 제도화한다. 그 기술에 속하는 것으로 단연 눈에 띄는 것이 CCTV다. 이는 중앙에서 사회를 통제하는 심급의 환상, 즉 오웰식의 빅 브라더와는 더 이상 관련이 없으며, 반대로 권력과 관계가 있다.

그럼에도 불구하고 역사를 포괄적으로 다루는 오늘날 시각문화연구는 빅 브라더에 관한 생각의 이전 역사와 그것의 대중문화적 생존에 대해서도 다루어야 한다. 미국 달러 지폐에는 주지하다시피 눈 하나가 그려져 있다. 그것은 섭리의 눈, "모든 것을 보는 (…) 하나의 눈"[12]이다. 최근에 이 눈과 그것의 문화적 의미에 대해 다른 해석을 하는 몇 가지 설명이 나오고 있다. 가장 유명한 것은 의심할 여지 없이 댄 브라운의 소설 『일루미나티Illuminati』*와 그것의 영화화다. 그러나 CCTV와의 연관성을 두고 볼 때 더 흥미로운 것은 1998년에 나온 한스 크리스티안 슈미트의 영화 「23」이다. 이 영화는 카오스 컴퓨터 클럽**과 가까이 지내며 KGB***를 위해 1980년대에 특히 유럽과 미국의 컴퓨터를 해킹했던 칼 코흐의 이야기를 그리고 있다. 이 영화는 새로 나온 디지털 네트워크를 로버트 안톤 윌슨의 책 『일루미나투스Illuminatus』에서 유래된 음모론과 연결시킨다. 칼 코흐는 달러지폐, 즉 돈이 되어버린 세계의 새로운 질서에 담아 도처에서 기호를 파헤쳐보는데, 그 기호들은 그에게 있어서 비밀이면서도 공공연하게 알려진 세계 음모의 암호다. 영화 「23」에서 제목의 숫자는 도처에 등장하며 시간을 한참 거슬러 올라가 프리메이슨****과 그들의 기호인 피라미드까지 가닿는다. 프리메이슨 단원들의 기호를 칼 코흐는 돈이 되어버린, 세계의 새로운 질서인 달러지폐에 담아 믿지 않는 친구들에게 보여준다. 그는 돈에 그려져 있는 조지 워싱턴의 초상화를 고전적인 음모론의 방식으로, 일루미나티 결사대의 창립자인 아담 바이스하우프트의 초상으로 해석하고, 뒷면에 있는 프리메이슨 피라미드를 일루미나티의 미국 침투에 대한 표식으로 해석했다. 그러나 영화에서 중요한 점은 비밀조직을 통한 세계 음모의 네트워크가 이제 디지털 현실 속에서 새로운 형태를 받아들였다는 것이다. 바로 글로벌 컴퓨터 네트워크다. 이 음모론의 해석에 따르면 그것은 모든 것을 보는 기술적인 눈을 만들어낸다. 다름 아닌 기술 섭리의

---

* 계몽주의 시대에 설립된 비밀결사
** 유럽 최대 해커 연합
*** 국가보안위원회, 소비에트연방의 정보기관
**** 16세기 말에서 17세기 초에 발생한 인도주의적 박애주의를 지향하는 우애단체 혹은 취미클럽

새로운 눈을.

참고문헌

Friedirch Balke, Gregor Schwering, Urs Stäheli (Hg.), *Big Brother. Beobachtungen*, Bielefeld 2000.

Zygmunt Bauman, *Flüchtige Moderne*, Frankfurt/Main 2003.

Michel Foucault, *Überwachen und Strafen. Die Geburt des Gefängnises*, Frankfurt/Main 1977.

Leon Hempel und Jörg Metelmann (Hg.), *Bild-Raum-Kontrolle. Videoüberwachung als Zeichen gesellschaftlichen Wandels*, Frankfurt/Main 2005.

Tom Holert, *Regieren im Bildraum*, Berlin 2008.

Dietmar Kammerer, *Bilder der Überwachung*, Frankfurt/Main 2008.

Tom Levin, Ursula Frohne und Peter Weibel (Hg.), *Ctrl[Space]. Rhetorics of Surveillance from Bentham to Big Brother*, Karlsruhe, Cambrige/Mass. und London 2002.

David Lyon, *The Electronic Eye. The Rise of the Surveillance Society*, Cambridge 1994.

______, *Surveillance Studies. An Overview*, Cambridge 2007.

Clive Norris und Gary Armstrong, *The Maximum Surveillance Society. The Rise of CCTV*, Oxford und New York 1999.

Nils Zurawaski (Hg.), Surveillance Studies. Perspektiven eines Forschungsfeldes, Opladen 2007.

| 8장 |

소비하는 눈

상품스펙터클과 이데올로기 비판

〔그림 9〕 코드에이드 광고 포스터, 2007[1]

2007년 칸 광고상을 수상한 네덜란드의 구호단체 코드에이드Cordaid 광고 포스터를 보자. 한 아프리카 여성이 동아프리카 사바나의 눈부신 햇살에 눈을 살짝 찌푸린 채 우리를 바라보고 있다. 여성은 최신 선글라스를 벗어 제2의 두 눈인 양 그것을 머리 옆에 들고 있다. 그녀의 진지한 시선은 흔히 광고 포스터에서 보던 것보다 훨씬 날카롭다. 땅바닥에 팔을 괴고 엎드린 자세, 목을 감싼 손, 교차시킨 발 등 전체적으로 친숙한 모델 포즈다. 비록 패션사진이나 광고 분야에서는 거의 모든 게 가능해 보인다 해도 이 사진에서만큼은 유독 당혹스러움이 전해진다. 여성의 포즈, 한쪽에 들고 있는 선글라스와 젊은 여성 같지 않은 용모, 전혀 세련되지 않은, 심지어 해지기까지 한 의상 사이에는 뚜렷한 단절이 존재한다. 여성이 황량한 이 지역에 살고 있다고 가정할 경우 여성의 포즈는 미리 정해진 것이거나 심지어 강요된 듯한 인상을 준다. 반짝이는 액세서리는 아이러니하게도 본래의 기능을 상실한 것처럼 보인다. 다시 말해 액세서리가 뜨겁게 내리쬐는 햇빛을 막는 데 쓰이지 않는다. 이 포스터의 글귀는 활자체로나 위치상으로 볼 때 의류회사 H&M의 광고를 강하게 연상시킨다. 그 글귀는 우선 사치품이 아닌 선글라스의 가격을 알려준다. 반면에 좀더 작은 활자로 된 아래 행은 물을 구하는

데 드는 8유로의 비용이 선글라스의 3분의 1 가격에 불과하다는 사실을 전한다. 이 광고 전략의 대상은 분명 선글라스가 아니다. 오히려 이 장면에서 문화적으로 이질적인 물건인 선글라스는 우리의 고유한 가치 체계와 물질적인 것을 추구하는 욕망의 논리를 상징적으로 보여준다. 도덕적인 훈계를 하거나, 구호단체에다 기부금으로 SMS를 보내라고 촉구하고 있지는 않아도 이 사진에서 이미 두 문화는 충돌하고 있는 듯하다. 이 포스터의 강력한 힘은 바로 여기에 있다. 불모지의 의지할 곳 없는 희생자들을 보여주는, 특히 구호 캠페인에 나오는 수많은 아프리카 사진들과, 이와는 다른 수많은 이미지들을 연상시키는 표현 방식에 매몰된 패션 산업의 표면적 화려함이 이 광고에서는 당혹스런 방식으로 오버랩되고 있다. 분명 다음과 같은 물음이 제기될 수 있다. 이 여성은 얼마나 진정으로 그녀이며, 그녀의 모든 것이 '진짜'라 해도 그녀를 통해 우리가 식민지적 정형화를 여전히 행하고 있는 것은 아닌가. 식민지적 정형화는 그녀가 널리 흩어져 있는 '아프리카' 주민을 대표할 뿐 아니라 그들의 빈곤과 가난, 그들에게 전가된 자립 불능을 대표하고 있다는 점에서 이미 그러하다. 시각적 호소가 단시간의 효과를 다른 방식으로 처리할 수는 없을까? 이런 논의와 이와는 다른, 가령 죄책감에 호소하면서도 빈곤의 근본 원인에 대해서는 전달하지 않는 광고의 효과가 얼마나 지속되는가와 같은 논의들이 인터넷상에서 이 캠페인을 두고 벌어진다. 하지만 우리는 그 여성이 낯선 포즈를 취하고 있어서가 아니라 낯선 포즈를 취하고 있음에도 다른 한편 특별한 위엄을 내비치고 있다는 사실은 대부분 간과한다. 더욱이 여성이 걸친 아마 진짜인 듯한 장신구를 문화적 전통과 그에 따른 일종의 정체성이 여전히 존재함을 가리키는 것으로 볼 수도 있다. 그러니까 저마다의 새로운 (민족) 패션, 저마다의 액세서리가 아마도 약속은 하지만 결코 충족시킬 수 없는 정체성 말이다. 이 포스터는 이른바 '마른 모델들'에 대한 논란, 또는 대개 가난한 나라에서 행해지는 무책임한 선탠 행위나 여행 산업의 문제와 관련하여 특별한 풍자적 성격을 띤다. 그것은 태양 아래 누워 있는 여성이 서구 라이프스타일의 잘못된 점들을 왜곡시켜 비추는 일종의 요술거울처럼 작용하는 데서 비롯한다. 이 점에서 광고를 보는 개개인에게 즉시 심오한 문화비판적인 면이 드러날 수 있다. 이 문화비판적 측면은 패션광고나 기부금 호소에서 흔히 볼 수 있는 것을 훨씬 능가한다. 다소 진부할지언정 엎드려 있는 이 여성이 '아프리카'를 대변한다면, 선글라스와 연출된 장면은 글로벌 '서구' 소비문화를 대변한다. 이 포스터는 인간의 기본 욕구를 반영하는 동시에 문화에 뿌리박은 안정된 한 개인을 비춤으로써 서구의 소비문화를 문제 삼고 있는 것이다. 이 두 가지 관점에서 관람자는 자신의 삶의 방식을 의문시하지 않을 수 없다. 앞서 언급한 문제들에 비추어 볼 때, 태양 아래 무방비 상태로 누워 있는 마른 이 여성의 진지한 시선은 우리를 그야말로 의심스런 '가치' 공동체의 구성원으로 예의 주시한다. 하지만 무엇보다 가치공동체의 두드러진 특징은 거의 언제 어디서나 전 세계적으로 작동하는 콘체른Konzern*들이 새로운 상품들을 내놓으며 그것을 훨씬 더 나은 삶의 증표라고 약속한다는 점이다. 코드에이드 광고 자체가 이러한 글로벌문화의 시각적 기호인데, 사실 이 광고가 이국적 성격을 띨 뿐 아니

---

* 생산, 유통, 금융 따위 다양한 업종의 기업들이 법률상으로 독립되어 있으나 경영상 실질적으로 결합돼 있는 기업 결합 형태

라 주목을 끌려고 온갖 수단을 고려한 점에서 그러하다. 그런데 바로 이 점이 정치적으로 보면 결정적으로 잘못 연출된 형태일 수 있다. 이 광고에 앞서 청바지 브랜드 디젤Diesel은 몇 년 전인 2001년에 비슷한 캠페인을 광고한 적이 있다. 그 캠페인은 비웃듯 지구를 거꾸로 세워놓고는 축제를 벌이는 매혹적인 아프리카를 보여주었다. 이와 달리 첨부된 신문기사에는 유럽과 아메리카에서의 기아, 인구 과잉, 착취가 언급되어 있었다. 이 장에서는 이러한 역설적 표현을 가능케 하는 역학들을 설명하고 아울러 소비문화 및 소비문화 이데올로기와 관련된 몇 가지 이론을 소개하고자 한다.

도덕적으로 미심쩍든 혹은 특정한 관점들이 놀라울 정도로 공존해 있어 전복적이든, 코드에이드 캠페인은 얼마나 독창적일 수 있을까. 모델의 강렬한 시선은 돈을 기부하고 소비하는 개인으로서의 유럽인 관람자를 향해 있다. 돈을 기부하고 소비하는 두 행위가 코드에이드 광고에서는 예외적으로, 분리되어 있고, 우리는 소비자이자 잠재적 기부자로, 말하자면 이중으로 호명된다. 그럼에도 불구하고 중요한 것은 코드에이드 광고가 경제적 결정에 영향을 미치기 위해 광고대행사에 의해 제작된 전형적인 포스터 광고라는 사실이다. 20세기 후반부터 '소비'는 무엇보다 상징 및 집단적으로 공유된 의미 양식과의 교류를 의미한다. 상품과 상품의 로고는 어떤 대상의 물질적 가치를 훨씬 능가할 수 있는 '문화적 부가가치'를 지닌다. 하지만 부가가치는 (광고만이 아니라 트렌드의 영향을 받는 하위문화에서도) 극도로 민감하고 일시적인 역학관계의 지배를 받는다. 하나의 트렌드가 확실한 주류로 자리매김되면, 오늘 화려함을 약속하던 것이 내일은 이미 시대에 뒤처짐을 나타내는 것일 수 있다. 따라서 구매를 결정짓는 기본 토대는 어떤 존재이고 싶은가의 문제, 즉 더 이상 단순히 출생으로만 정의되지 않는 정체성에 관한 일종의 부단한 작업이다. "상징적 재현 체계에 의해 의미가 만들어지면서 정체성은 문화 안에서, 문화를 통해 생산되고 소비되며 통제된다."[2] 정체성 형성과 소비의 상호작용은 포스트모던시대의 주요 특징이다. 그 때문에 이미지나 스폿광고는 성적 매력이나 어린이 스키마 같은 자극반응 모델뿐 아니라, 불안, 소망, 동일시의 역학을 특별히 겨냥한다.

역사적 눈에 관한 앞의 장에서 주체 형성과 이데올로기의 긴밀한 관계를 루이 알튀세르의 논의에 따라 간략히 살펴보았다. 도처에 존재하는 광고와 관련하여 이미 우리는 끊임없이 **경제**주체, 즉 소비자로 호명되는 데 익숙해 있다. 오늘날 우리의 시각문화는 거의 대부분 이미지성이다. 이미지성은 특정 제품을 라이프스타일과 욕망의 논리와 연결시켜 그 제품의 구매를 촉진하려는 목적을 공공연히 추구한다. 제품 판매는 물론 브랜드를 이벤트와 연결시키려고 애쓰는 다양한 대행사가 생겨나면서 다른 이미지들, 가령 오락영화, TV쇼, 심지어 뉴스 이미지들과 경계를 짓기가 갈수록 어려워지고 있다. 잡지 『애드버스터 Adbursters』의 창립자 칼레 라슨이 미국에 대해 말하는 내용은 대부분 전 세계에도 해당된다. "미국 문화는 더 이상 인간에 의해 창조되지 않는다. 예전에 부모님, 선생님 혹은 이웃들에 의해 한 세대에서 다음 세대로 전해졌던 이야기들을 오늘날에는 뭔가를 '말해야 하고 판매해야 하는' 콘체른들이 이야기한다. 브랜드, 제품, 유행, 스타, 오락물 등 문화 생산과는 거의 관계없는 스펙터클이 현재 우리의 문화다."[3] 콘체른과 제품이 전 세계적으로 동일한 한, 온갖 문화적 혼종화에도 불구하고 더 이상 되돌릴 수 없는 침식이 각 지역의 확고한 문화 전통들을 위협한다. 최신 선글라스를 들고 있는 아프리카 여성의 이미지에는 이러한 역학관계 또한 담겨 있다.

문화가 오늘날에는 상품논리에 기초한 끊임없는 **스펙터클**과 거의 일치한다는 진단이 새로운 것은 아니다. 본래 이 진단은 프랑스의 상황주의자 기 드보르에게서 유래한다. 최근에 다시 널리 수용되고 인용된 『스펙터클의 사회Die Gesellschaft des Spektakels』에서 드보르는 1967년에 이미 스펙터클을 "고도록 축적되어 이미지가 된 **자본**"[4] 즉 온갖 주목을 끄는, 상품이 되어버린 포괄적인 가시성 내지 이미지성이라고 적었다. "스펙터클은 상품이 사회생활을 **총체적으로 점령**하기에 이른 순간이다. 상품과의 관계가 가시화될 뿐 아니라 사람들은 그것만을 볼 수 있을 뿐이다. 사람들이 보는 세계는 상품의 세계다."[5] 드보르는 여기에다 광고에서 볼 수 있는 사물들의 화려하게 빛나는 표면만이 아니라, 각종 이벤트나 스타 숭배처럼 사회생활이 전반적으로 피상화되는 현상을 포함시킨다. 드보르가 볼 때 인간은 사고에 있어 오늘날 일컫듯 '이벤트들'에 의해 흡수되어 완전한 자본주의의 무비판적인 작은 톱니바퀴가 되어가고 있다. 드보르가 생각하는 현실은 누구에게나 공통된 현실경험인 스펙터클 뒤로 밀려난다. 그럼에도 이 공통의 현실경험 속에서 수동적인 구경꾼들은 개별화되어 있다. 주체는 일개 구경꾼으로 격하된다. "그가 구경꾼으로 바라보면 바라볼수록 삶의 영역은 축소되며, 그가 욕구의 지배적인 이미지들 속에서 자신의 모습을 발견하면 할수록 무엇이 자신의 삶이고 욕망인지 알 수 없게 된다."[6] 여기서 이미 알튀세르의 이데올로기적 주체 형성 개념은 비록 똑같이 시종일관 불가피한 것은 아니더라도 결정적으로 시각성을 강조하는 가운데 구성된 것 같다. "스펙터클은 분명 이데올로기다. 스펙터클은 빈곤화, 억압, 현실적 삶의 부정과 같은 모든 이데올로기적 체계의 본질을 하나도 남김없이 나타내고 뚜렷이 드러내기 때문이다."[7] 드보르 추종자인 라슨은 "현실적 삶"이라는 말이 오늘날 무엇을 의미할 수 있는지를 논한다. 라슨은 저서 『문화 방해Culture Jamming』에서 이를테면 긍정적으로 체득한 자연경험, 비가공식품에 대한 기호, 섹슈얼리티, 신체 이미지의 교란, 집중력, 인간 상호 이해 등의 주제를 다루고 있다. 라슨은 서서히 진행되고 있는 중독의 형태를 본다. 그러한 중독의 형태는 아무 저항 없이 삶의 질로, 특히 광고상품에서 보듯이 쿨cool한 것으로 판매된다. "자본주의 소비문화는 (…) 시간이 지나면서 점차 정신을 잡아먹고 있다. 이에 대해 시민 자신조차 분명히 알지 못한 상태에서 자본주의 소비문화는 시민을 체제에 순종적인 '노예와 같은 요소'로 상정한다."[8]

2장에서 알튀세르와 관련하여 다루었듯이 이러한 과정의 기본 유형은 아마도 이데올로기가 지닌 자기부정의 경향일 것이다. 드보르에 따르면, 스펙터클은 그 자체 내에서 목적을 찾고, 사회성과 정치적 참여의 다른 모든 형태를 망각하게 한다. 역사적으로 이루어졌거나 또는 특정한 의도에서 조직되었던 것조차 의도하지 않은 것으로, 대안 없는 것으로 나타낸다.

기호학자 롤랑 바르트는 자신의 사유의 근간을 이루는 기호화 과정을 설명하기 위해 '신화' 개념을 끌어온다. 바르트는 저서 『일상의 신화들Mythen des Alltags』*에서 1950년대 프랑스의 일상 속 여러 현상을 에세이이면서 이론적 형식으로 분석하고 있다. 일상의 현상을 바르트는 가면을 쓴 이데올로기의 표현형태로 본다. 라슨이 민족국가와 종교를 의도적으로 배제하고 있긴 하지만 예전에 부모님, 선생님 등이 했던 이야기들을 오늘날에는 콘체른들이 말하고 있는 게 사실이라면, 신화 개념이야말로 다름 아닌 미디어에 의한 소비 이데올로기의 스펙터클에 아주 잘 들어맞는 것 같다. 빨강 망토를 입은 산타클로스가 1931년 광고 캐릭터가 된 이래, 날로 증가하는 산타클로스에 관한 글로벌 신화에는 얼마나 많은 코카콜라가 감춰져 있는가? 어쩌면 신화를 담보로 한 것들을 끄집어내어 스타 숭배 혹은 개인의 영원한 자기완성이라는 이념과 결합시키고 있는 것은 아닐까? 일반적으로 신화란 이 세계를 설명하는 명확한 구조의 단순한 모델을 제시하는 것이라 이해되지 않는가? 특정 작가가 창작한 것이 아니라고 둘러대는 이야기들이 대부분이 아닌가?

바르트는 당연히 신화에 영향을 미치는 의미화 과정에 특별한 관심을 가졌다. "신화는 그것이 전하는 메시지의 대상에 의해 규정되는 것이 아니라, 그 메시지를 말하는 방식에 의해 규정된다."[9] 기호학적으로 볼 때 바르트에게 신화란 이차적인 체계다. 신화는 기존의 중요한 기호 결합[언어]에서 출발하면서도 그 기호 결합을 "원재료" 내지 "텅 빈 형식"으로 이용하고 그 형식을 새롭게 채운다.[10] 바르트에 따르면, 그렇다면 자유롭게 사용된 원래 기호의 의미 뒤에는 신화가 감춰져 있을 수 있으며, 신화는 의도적으로, 즉 역사적으로 만들어진 상징이라는 인상을 피하고 그 상징을 소위 '자연스런' 실제 상황으로 표현할 수 있다. 변화 가능한 이야기가 불변의 자연이 되는 것이다. 바르트는 잡지

---

* 원제는 '신화론Mythologies'이다.

사진 속 프랑스 국기를 향해 경례하는 흑인 병사를 예로 들어 설명한다. 흑인 병사는 '신화적으로' "프랑스는 위대한 제국이라는 것, 프랑스의 아들들은 저마다 피부색의 구분 없이 그 국기 아래 충성을 다해 복무할 것"임을 의미한다. 이 흑인 병사의 열정이 식민주의 강요에 대한 여러 관념을 없애준다는 것이다.[11] 흑인 병사는 상징이 아니다. "그러기에 그의 존재는 너무나 구체적이다. 그는 풍부한 이미지, 체득된 이미지, 자발적이고 순진무구하며 **논쟁의 여지가 없는** 이미지임을 자처한다."[12] 하지만 이러한 그의 존재는 동시에 신화에 의해 굴복당하고, 연결된 내용들로 인해 명백해진다. 신화에 의해 파악된 것이 의미상으로는 특별한 기능으로 축소된다. 그것이 아프리카계 프랑스 병사인 경우에는 프랑스 제국주의에 대한 긍정이다. 이밖에 신화는 아무것도 숨기지 않는다. 신화는 아무것도 사라지게 하지 않는다. 다만 이미지의 의미를 "변형시킬" 뿐이다.[13] 첫 번째 층위의 의미, 즉 앞서 언급한 장면에서의 자발성은 "알리바이"로 이용될 소지가 있다. 말하자면 이데올로기적 차원이 그 과정이 강요된 것이 아니라는 것 뒤로 물러나게 된다. 동시에 바르트 역시 신화는 "강제적이고 호명하는 성격"[14]을 갖는다는, 즉 관람자의 호명을 이야기하고 있다. 흑인 병사는 "프랑스 제국주의적 성격의 이름으로 나를 호명한다. 하지만 바로 그 순간 병사의 경례는 프랑스의 제국주의적 성격을 수립하도록 정해진 영원한 근거로 응고되고 굳어진다.[『신화론』이 독일어로 번역된 것은 1960년대다.]"[15]

바르트는 신화 개념을 가지고 자연화 과정에 따른 개인의 호명 내지 이데올로기의 자기부정 같은 다양한 관점을 파악하려 한다. 그 관점들을 우리는 이미 알튀세르에게서 이데올로기의 본질적 요소들로 접한 바 있다. "모든 것은 마치 이미지가 **자연스럽게** 개념을 만들어내듯이 즉 기표가 기의를 **만드는** 것처럼 행해진다. 프랑스의 제국주의적 성격이 자연의 상태로 이행하는 바로 그 순간부터 신화는 존재한다."[16] 역사적으로 이루어진 맥락과 관련된 기호 결합이 실제 인과관계로 파악되고, 정도의 차이는 있지만 우연에 의한 내포적 의미Konnotationen가 외연적 의미Denotationen로 일컬어진다. 식민화가 당연한 것은 그것이 이른바 자연적으로 주어진 것이기 때문이다. 그러한 까닭에 식민화는 더 이상 그 근거를 따져 묻지 않게 되며, 무엇보다도 비판을 받지 않을 수 있게 된다. 신화는 현재 상태를 고착화한다. 이와 관련하여 바르트는 이데올로기적이지 않은, 즉 있는 그대로의 사실로 스스로를 위장하는 시각적인 것이 언어에 비해 우월하다는 입장을 밝힌다. "이미지는 확실히 문자보다 더 절대적이다. 이미지는 의미를 분석하지 않고 그것을 분산시키지도 않은 채 단번에 이미지의 의미를 우리에게 강제한다."[17] 하지만 그 어떤 매체성으로든 신화는 "직접 볼 수 있는 것 이상을 보려는 모든 시도를" 억압한다. 여기서 우리는 다시 스펙터클의 논리와 맞닥뜨리게 된다. "신화는 모순 없는 세계, (…) 자명함 속에 펼쳐진 세계를 조직한다."[18] 역사, 인위성, 의도, 정치적 차원 등이 명백함, 영원, 자연성으로 옮겨진다. 이데올로기가 스스로 이데올로기라고 밝힌 적은 단 한 번도 없다. 이것이 우리 주제의 중요한 부분인데, 이데올로기는 기껏해야 한 '문화'의 가치 체계임을 자처하면서 '건강한 인간 오성'을 요구하는 정도에 불과하다. 바르트에게는 그것이 "영원성의 신화"이며, "영원한 '문화'를 끌어들이는 모든 시도의 기저에는 영원성의 신화가 놓여 있다."[19] 이러한 의미에서 만약 특정한 개념의 복합체를

'시각화된 이데올로기'가 아니라 '시각문화'라고 부른다면 이미 덫에 걸려드는 것일 수 있다.

자연화의 메커니즘에 맞서 그리고 우연히 마주치는 이미지들에 감춰진 내포된 의미에 맞서 시각적인 것에 대한 이데올로기 비판적인 분석이 공적 공간에서 이루어져야만 한다. 바르트에 근거를 둘 경우 내포되어 있는 모든 함의, 호소, 약속을 해독하는 복잡한 시도를 위해 그저 사실로 추정되는 것을 파헤치는 것이 얼마나 이데올로기 비판적인 작업일 수 있는지가 분명해진다. 대상, 인물 혹은 이미지와 필연적으로 연결되는 메시지와 내용의 배경을 비판적으로 묻는 것만큼이나 말이다. 이렇듯 바르트가 강령적으로 이해하는 기호학은 철저히 정치적일 수 있다. 다시 한번 서두에 든 예로 잠시 돌아가보면, 바르트가 염두에 둘 수 있었던 광고, 바르트가 말하는 이데올로기 형식은 모든 반대 입장을 이미 수용한 듯 보이는 이처럼 복잡하고 자조적인 전략에는 일반적으로 더 이상 맞지 않는다는 사실이 곧 드러난다. 코드에이드의 호소가 여하튼 이데올로기 비판을 요구하지 않는다 해도(그것을 우리는 달리 볼 수도 있다), 이에 비교할 만한 파티를 하는 아프리카인들의 모습을 담은 디젤 캠페인을 바르트가 말한 잡지사진과 더 이상 비교할 수는 없을 것이다. 따라서 이데올로기 비판에 있어 자신을 이미 수용한 시도에 맞서 자기주장을 하기는 어렵다. 우리는 그러한 캠페인에 작용하는 변증법들을 비판이자 저항의 보다 새로운 시도들에 근거하여 다시 한번 자세히 살펴볼 것이다.

물론 이데올로기 비판의 근본적인 문제를 이론적 차원에서 좀더 설명해볼 수 있다. 스펙터클의 자족적인 세계를 알튀세르의 이데올로기에 관한 논의와 푸코의 권력에 대한 논의로부터 접근할 경우, 우리는 이내 일종의 숙명론에 휩싸일 수 있다. 모든 사람이 어떤 체계에 근거해 자신의 입지를 세우고 그 자리가 요구하는 것들을 독자적으로 실현하는 데서 주체성을 획득한다면, 다시 말해 이론상으로 어떤 고립된 심급에 권력 행사나 기만의 힘이 있다고 여기지 않는다면, 변화의 문제를 제기할 여지는 없어 보인다. 인간은 흡사 영화 「매트릭스」 3부작에서처럼 가상세계에 사로잡혀 있지 않은가?

고찰에 앞서 문화 내지 이데올로기, 재현, 주체성 간의 관계와 관련하여 몇 가지 중요한 점을 알아둘 필요가 있다. 첫째로, 문화란 정적인 것이 아니며 끊임없이 변화가 진행 중이란 점이 중요하다. 이데올로기에 대해 이야기할 때면 더욱 그렇듯이 문화란 특정한 입장들이 계속 유지되고 인정받는 것에 좌우된다. 가령 이미지의 세계, 그중에서도 개개인의 태도는, 즉 알튀세르가 말한 것처럼 개인의 실천에서는 더욱더 그러하다. 따라서 스펙터클로 인한 가치들의 절대적인 어떤 체계가 존속하는 데 결정적인 것은 실제로 소비자가 행하는 해석들이다.

이밖에 우리가 염두에 둔 것은 한 장소에서조차 문화가 동질적이지 않으며, 이를테면 경제적 지위, 인종, 성별, 성적 지향, 정치적 입장, 종교, 교육, 연령 등에 따라 개개인은 광고의 이미지와 메시지에 대해 서로 다른 해석을 행한다는 점이다. 비록 광고 이미지들이 개인을 그 의미대로 주체로 호명하고, 가령 어떤 제품의 구매를 통해 모두에게 동일한 유일무이성을 약속하려는 고도의 세련된 노력을 아끼지 않는다 해도, 소통의 이 같은 형식에서는 해석과 그에 따른 이해가 그때그때 어떤 **맥락**에 놓이는지가 결정적인 역할을 한다. 사실 의상이나 기타 특권을 나타내는 물건들의 의미처럼 상징의 의미가 언제나 그룹들에 의해 확정되기는 하지만—따라서 모든 해석이 동일한 설득력을 갖지는 않는다—무엇보다 하위문화의 재평가에 관한 연구들이 증명해준 것처럼, 상징의 의미를 생산자가 정확하게 그리고 모두에게 타당한지 예측할 수는 없다.

이탈리아의 마르크스주의자 안토니오 그람시(1891~1937)가 이미 강조했듯이 명백한 것으로 간주되는 어떤 이데올로기에서 출발할 경우, 소속과 이해가 저마다 다르므로 그것은 현실에 맞지도 않을 것이다. 그람시는 '문화'를 한 사회 내부의 특별한 영역으로 이해한다. 그는 지배계급의 권력 행사에서 차지하는 '문화'의 중요한 역할을 고려하면서 항상 상이한 사회적 위치가 해석의 주권을 두고 다툰다는 점을 이론상으로 강하게 의식했다. 입장을 취한다는 것은 막강한 위치가 지닌 **헤게모니**다. 그 위치는 다수를 자신의 가치에 묶어둘 수 있어야 하기에 언제나 불안정하고 협정 중에 있다. 그러므로 헤게모니적 해석은 상식이라고 자처할 수 있을 뿐 아니라, 심지어 사람들이 승인한 상식이어야 한다.

문화연구Cultural Studies에 지침이 되는, 주체와 특정 미디어 내용 간의 관계에 관한 사회학자 스튜어트 홀의 고찰은 바르트, 그람시, 알튀세르를 아우른다. 홀에 따르면, 매스커뮤니케이션을 송신자가 수많은 수신자에게 보내는 고정된 의미들의 운송으로 이해해서는 안 된다. 예컨대 광고 이미지에서 보듯이 오히려 생산자가 내용들을 기호화하고, 그 기호를 각 개인이 맥락에 따라 해독한다. 삼백여 명의 대학 입학 지원자의 해석은 여기서 든 예와 관련된 증거를 제공한다. 그들의 해석들 가운데는 이를테면 선글라스를 든 아프리카 여성이 도움을 받지 못했다거나, 혹은 이미지가 시사하듯이 아프리카가 이미 '충분한 소비'를 하고 있다고 비난하는 경우도 있었다. 따라서 언제나 어느 정도의 '분산손실Streuverlust'*이 있기 마련인데, 특히 메시지의 시각적 전달 측면에서 그렇다. 하지만 의식적으로 전혀 다르게 해석한 사례들도 있다.

홀은 기호화Encoding와 기호 해독Decoding이 서로 어떤 태도를 취하고, (이데올로기적) 메시지가 실제 어떻게 수용되는지에 따라 세 가지 기본 유형을 구분한다.

첫째, '선호된 해석'(지배적 헤게모니적 위치)은 지배 이데올로기 체계와 일치할 때 발생한다. 시청자/관람자는 "미디어 텍스트의 내포적 의미를 (…) 전적으로"[20] 받아들인다. 기호 해독과 그에 따른 해석자 개인의 입장은 이데올로기 체계에 계속해서 머물러 있으며, 생산자 측 또한 그 체계에 속해 있다.

둘째, '타협적 해석'(타협적 위치)의 경우에는 "시청자가 기본적으로 상황과 사건에 관한 지배적 정의를 수용한다. 그 정의가 상황과 사건을 좀더 큰 맥락으로 (…) 분류한다."[21] 하지만 타협적 해석에는 개인의 삶의 맥락들에서 비롯되는 대립적 요소가 이미 담겨 있다.[22] 삶의 맥락에 대해 홀은 '개별논리'와 '배치논리'를 언급한다.

셋째, 대항적 해석(대항적 위치)은 선호된 해석의 모든 내재적 의미들을 철저히 알고 있지만, 그 의미들을 의식적으로 거부한다. "이 위치를 차지하는 이는 특히 지배적 의미규칙**과 정반대 입장에 있는 시청자들이다."[23]

---

* 표적 고객에게 도달하지 못한 광고 손실비용

** 의미규칙code을 홀은 위치position와 동일한 개념으로 사용한다.

뉴스 방송에서 출발한 홀은 노동자들을 예로 들어 두 번째 위치를 설명한다. 노동자들은 국민경제를 높은 재화로 인정하여 파업권 제한 계획을 수긍할 수 있다고 여기면서도 근무 여건의 미미한 차이로 인해 파업에 들어간다. 홀은 세 번째 위치를, 기계적으로 국익에 관한 모든 언급을 관념상의 '계급이익'으로 대체해서 읽는 인물을 예로 들어 설명한다. 그는 불가피한 경제성장을 근거로 내세우는 주장을 받아들이지는 않을 것이다. 그리고 이 점에서 사회계급에 관한 문제가 가령 소비 이데올로기와 구분될 수 있다. 그러한 해석이 만연해 있는 경우, 헤게모니를 쥔 이데올로기의 입장, 그 이데올로기를 확산시키는 기관들과 미디어는 문제를 겪게 된다. 위기가 발생하는 것이다. 우리가 문화들 내에서 작용하는 역학관계를 볼 경우 물론 현실에 더욱 근접하게 된다. 이때 역학이란 "지배적인 해석, 타협이 이루어진 해석, 대항적 해석 간의", 즉 지배적이고 반지배적인 힘들 사이의 "지속적인 교류에서" 얻어진다.[24] 잠시 앞서 예로 든 광고사진을 적용하여 테스트를 해보면 상황이 확실히 복잡해지는 것을 알 수 있다. 선호된 해석은 무엇보다도 현행 소비 이데올로기를 문제 삼는 것일 수 있기 때문이다. 이 테스트에서 코드에이드 포스터를 보는 매우 독특한 한 해석은 온갖 아이러니를 통해서든 자선단체의 면모를 통해서든 줄곧 뚜렷이 구매를 부추기는 대부분의 광고와 비교해볼 때, 이 기부 캠페인의 사례가 얼마나 독특한지를 재차 증명해준다. 말하자면 문제가 되는 경우 광고 속 단절들은 무시한 채 사람들이 선글라스 한 개를 구매할 때마다 물을 구하는 데 필요한 8유로를 기부한다고 여길 만큼 사람들에게는 일반적으로 선호된 해석들이 내면화되어 있었다!

그렇다면 최근의 복잡한 소비세계에 대한 이데올로기 비판은 어떤 모습일까? 이데올로기에 관한 개념들에서 밝혀지고 시뮬라시옹을 주창한 포스트모던 사상가들이 강조하듯이 일상의 미디어적 현실 뒤에 감춰진 어떤 '실재'를 드러내기란 그리 쉽지만은 않다. 과제는 오히려 "이데올로기 체계가 지닌 모순성, 불일치, 어려움의 토대를 가리킴으로써 발화조건 자체를 변화시키는 실천"[25]에 있다. 대항적 해석이 요구되는 것이다. 이미 바르트는 신화가 대상, 이미지 등을 가로챘던 것처럼 그들 편에서 신화를 가로챌 것을 주장하고, 제3의 차원, 즉 예술적 차원에서 똑같이 신화를 신비화하거나 비틀고 그 정체를 폭로할 것을 주장했다. "두 번째 신화의 힘, 그것은 이미 검토된 순진함으로 첫 번째 신화를 구축하는 데 있다."[26] 그러니까 순수예술이든 대중예술이든 예술은 신화를 비평할 수 있다. 이를테면 다른 문화에 대한 집단적 공포를 외계인이나 뱀파이어 등의 잠입으로 옮기는 영화들이 있다. 그러나 이런 의미로부터 창조적으로 폭로하는 식의 개입들에서 유래하는 저항과 전복의 전술들이 또한 구체적으로 생겨났다. 그 사이 많은 사람이 이 전술들을 전문적 사진 및 영화 제작의 새로운 디지털 수단뿐 아니라 온라인 소통으로도 이용할 수 있게 되었듯이 말이다.

드보르를 주축으로 한 '상황주의자 인터내셔널Situationistische Internationale'*운동의 활동에 근거하여 칼레 라슨은 스펙터클 세계의 자극과 폭로를 밝힐 계기가 마련돼야 한다고 주장한다. '전유' '사보타

---

* 다다이즘, 초현실주의, 문자주의의 영향을 받은 신좌파 엘리트주의 전위집단. 상황주의자들은 '상황의 구축'을 통한 일상의 혁명과 삶의 변혁을 꾀한다. 특히 이들은 상황의 구축이 자본주의와 불가분의 관계에 있는 스펙터클의 파괴에서 시작된다고 주장한다.

주'[27] '탈환'이 문화 방해하기(밀어넣다, 봉쇄하다를 뜻하는 'to jam'에서 유래한다)의 실천과 관련하여 통용되는 구호들이다. 여기서 관건은 위, 즉 콘체른의 이해관계가 결정한 생활세계와 인간 자신이 형성한 생활세계 간에 행해지는 문화투쟁, 말하자면 시민 저항의 형식들이다. 시각 영역에서는 시민 저항이 공적 공간의 점유와 상징에 대한 저항의 형식을 내포한다. 바로 이 점에서 오늘날 도시의 굉장히 협소한 면적에 식물을 심고 가꾸는 **게릴라 가드닝**이나 오브제를 돌아가며 뜨개질하는 **게릴라 뜨개질**처럼 도시 '해킹'('to hack'에서 유래하며, 여기서는 침입하다, 변화시키다의 의미) 같은 예술적 실천과의 철저히 유동적인 경계가 존재한다. 광고를 복제하거나 패러디하고, 상징적으로 공격하는 것이 가장 잘 알려진 방식이다. 라슨은 자신이 "문화유전자Meme"라고 일컫는, 사회적으로 확산되고 있는 사상논쟁이 진행 중이라고 본다. **문화 방해하기**의 활동들이 소비 이데올로기의 문화유전자를 바꾸고 그 과정에서 문화유전자가 확산된다는 것이다. "그것의 작동 방식은 유도와 같다. 우리는 광고산업의 수백만에 달하는 광고와 스폿광고의 무게를 이용하고, 비싼 비용을 들여 채택된 긍정적 의미가 내포된 상징들을 단순히 비틂으로써 그 힘을 매트에 내려친다."[28] 안티광고 내지 **안티마케팅광고**Subvertisement는 기존 광고의 미학을 모방한다. "안티광고는 자신이 보고 있는 것이 기대한 것과 정반대라는 사실을 관람자가 불현듯 알아차리는 예기치 못한 순간을 이용한다. (…) 안티광고는 잘못된 기대를 불러일으킴으로써 미디어적 현실의 빛나는 광채와 과대선전을 잘라내고, 돌연 스펙터클의 공허한 내적 삶을 폭로한다."[29] 거짓된 약속, 육체 및 여성의 이미지, 인종차별주의, 즉 광고에 암시된 '이상들'을 성찰하는 계기가 마련되어야 한다. 정확히 이러한 전략을 이제 코드에이드 광고가 실현하고 있다. 코드에이드 광고를 제작한 것은 다름 아닌 전문 광고대행사 사치 앤 사치Saatchi & Saatchi다. 디젤 캠페인이나 그 밖의 캠페인들과 비교해보면 알 수 있듯이 코드에이드 광고가 '선의의' 목적을 위해 광고한다는 것은 따지고 보면 우연일 수 있다. 반소비주의적인, 원칙상 대항적 해석이 코드에이드 광고와 디젤 캠페인에서 진지하지 못한 이유는, 청바지 구매건 기부건 간에 그것이 경제적 목적을 위한 수단으로만 설정돼 있기 때문이다. 물론 실제로 중요한 것은 비판이 아니라, 무엇보다도 보는 이를 당혹케 하고 '쿨한' 캠페인을 위해 보는 이를 완전히 사로잡는 것이다.

그러므로 소비산업의 스펙터클이 지닌 위력을 스펙터클만의 방법으로 격파해야 한다고 할 경우, 그것은 사람들이 동일한 체계 안에서, 가열된 관심경제의 명령에 따라 움직인다는 것을 의미하기도 한다. 지각 형식과 관련하여 소비 스펙터클과 새로운 미디어의 서로 얽히고설킨 관계가 어느 정도까지 인간의 시각적 '본성'에 영향을 미치지 않았는가라는 물음이 제기된다. "광고 소통모델이 전 사회적으로 지배적인 소통모델 일반이 되었다"[30]고 말할 수도 있다. 마지못해 이 놀이를 함께한다면 우리는 소통의 특정 지배논리를 계속 발전시키게 될 것이다. 오늘날에는 예술조차도 더 이상 이러한 강요를 피할 수 없으며, 예술은 갈수록 미학적 혹은 의미를 발생시키는 다른 지각들의 피난처가 되지 못한다. 동시대 예술가들에게는 "지금까지 쇼비즈니스 스타시스템에 정착된 방식"[31]인 눈부신 연출과 잠시 동안의 관심을 노리고 이목을 집중시키려는 강박이 지배적이다.

코드에이드 광고가 시사하듯 광고산업의 '안티마케팅광고'를 이용하여 사람들이 하고 싶어하는 비판적인 '비틂'이 순환될 위험이 있다. 『애드버스터』지는 체제 전복적인 광고의 이상을 잘 팔리는 화려한 제품으로 만들어 문화 방해라는 일에서 수익을 내고 주목을 끌었다. 『애드버스터』는 기대를 저버린 광고업자들을 위한 공개토론이자 광고 대행사들의 연구 대상이기도 하다. 광고카피 스타일 같은 광고의 핵심과 미학이 최단시간 내에 복제되어 광고 분야에 전파되었을 뿐 아니라, 심지어 캠페인 전체가 반동일시의 논리 위에 구축되었다. 예를 들어 "이미지는 아무 것도 아니다!"라는 슬로건으로 엄청난 판매 증가를 달성한 음료 스프라이트를 들 수 있다. 막스 호르크하이머와 테오도르 W. 아도르노가 1940년대에 이미 인식했듯이 문화산업 체계는 근본적으로 그 체계의 의도와 목적을 위해 모든 대항적 위치를 받아들일 수 있다. 한 가지 점에서는 바르트가 분명 여전히 옳다. "신화는 모든 것을 실현시킬 수도 있고 모든 것을 부패시킬 수도 있다. 심지어 어느 정도 신화를 기피하는 움직임까지도."[32] 하지만 의식도 변했고 오늘날 유명 브랜드들이 노동조건, 생태발자국*이나 브랜드의 여성 이미지로 광고에 성공하고 있는 한, 아마 우회적인 방식으로도 문화에 새로운 사상들을 공급할 수 있을 것이다. 여하튼 흡수 혹은 역점유Counter-Appropriation의 역학관계와 그런 역학관계에서 파생되는 관람자의 심리적 건반을 두드리는 점점 더 섬세해지는 연주를 눈여겨보지 않고서는 복잡한 전체 메커니즘을 제대로 분석할 수 없을 것이다.

---

* 1996년 캐나다 경제학자 마티스 웨커네이겔과 윌리엄 리스가 개발한 개념으로 인간이 자연에 남긴 영향을 발자국으로 표현한 것

참고문헌

Roland Barthes, *Mythen des Alltags*, Frankfurt/Main 2008.

Roland Barthes, "Rhetorik des Bildes", in: ders., *Der entgegenkommende und der stumpfe Sinn*, Frankfurt/Main 2005, 28~46쪽.

Christoph Behnke, "Culture Jamming und Reklametechnik", in: *web journal* v. 25.2.04 [http:/www.republicart.net/concept/pofrev_de.htm].

Guy Debord, *Die Gesellschaft des Spektakels*, Berlin 1996.

Thomas Frank, *The Conquest of Cool: Business Culture, Counterculture, and the Rise of Hip Consumerism*, Chicago/London 1997.

Stuart Hall, "Encoding/Decoding", in: ders. u.a. (Hg.): *Culture, Media, Language*, London 2006, 128~138쪽.

Andreas Hepp und Rainer Winter (Hg.), *Kultur Medien Macht, Cultural Studies und Medienanalyse*, 2. Aufl., Opladen/Wiesbaden 1999.

Tom Holert, "Bildfähigkeiten. Visuelle Kultur, Repräsentationskritik und Politik der Sichtbarkeit", in: ders. (Hg.), *Imagineering. Visuelle Kultur und Politik der Sichbarkeit* (= Jahresring, 47), Köln 2000, 14~33쪽.

Kalle Lasn, *Culture Jamming. Die Rückeroberung der Zeichen*, Leipzig 2005.

Christina Lutter und Markus Reisenleitner, *Cultural Studies. Eine Einführung*, 6. Aufl., Wien 2008.

Marita Sturken und Lisa Cartwright, *Practices of Looking. An Instroduction to Visual Culture*, New York 2001, 10~70쪽, 189~236쪽.

| 9장 |

과학적인 눈

인지 그리고 과학사

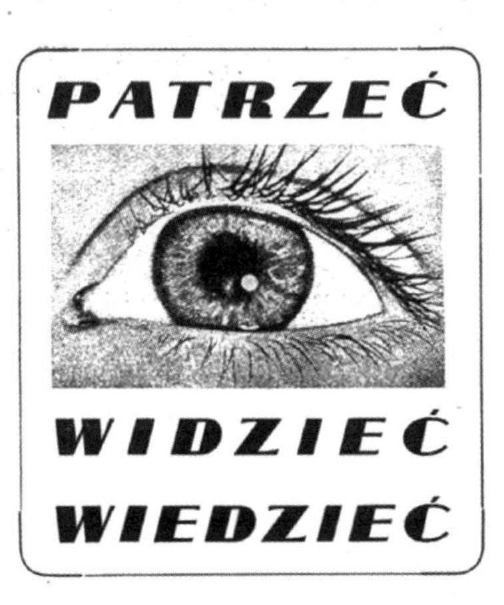
PATRZEĆ
WIDZIEĆ
WIEDZIEĆ

Wiele błędnych mniemań rozprasza psychologia spostrzegania i socjologia myślenia.

LUDWIK FLECK

Prof. Uniwersytetu M. C. S. w Lublinie, dr med., autor szeregu prac z dziedziny mikrobiologii, historii i filozofii nauk; członek wielu Towarzystw Naukowych krajowych i zagranicznych. Twórca teorii stylów myślowych; autor wydanej w Szwajcarii i szeroko omawianej za granicą książki „Die Entstehung und Entwicklung einer Wissenschaftlichen Tatsache".

I.

Aby widzieć, trzeba wpierw wiedzieć

Spojrzyjmy z bliska na rycinę pierwszą. Co widzimy? Z czarnego tła występuje obraz jakiejś szarej, pomarszczonej powierzchni. Niektóre miejsca wyglądają jak chropowate fałdy, inne — jak gęsto leżące brodawki, jedno miejsce przypomina fale mętnego płynu, inne kłęby dymu (może dlatego, że obraz w tym krajnym miejscu jest nieostry). Jest miejsce podobne do kędzierzawego futra, ale futro to nie jest, bo włosów nie widać. Więc co to jest? Skóra ropuchy pod lupą czy fragment hodowli owego sławnego grzybka, któremu zawdzięczamy penicylinę? Może zbliżone zdjęcie karku starego górala?

Nie, to doskonała fotografia obłoka z rodzaju zwanego przez meteorologów cirrocumulus. Spojrzyjmy teraz po raz drugi na tę rycinę, ale trzymając ją z daleka. Skoro wiemy już, co to jest i jak na to trzeba patrzeć, widzimy odrazu ogromną głębię nieba, wielki puszysty obłok, którego zmienna struktura, w szczegółach

74

〔그림 10〕 루드비크 플렉의 「Patrzec, widziec, wiedziec」 복사물

폴란드 생물학자이자 과학이론가인 루드비크 플렉은 왜 일상과 과학에서의 인지 문제를 다룬 그의 논문 「눈여겨보다, 보다, 알다Schauen, Sehen, Wissen」[1]의 첫머리에 크게 뜬 눈을 배치했을까? 사람들은 사진인지 세밀화인지 정확하게 말하기 어려운 이 이미지가, 다소 추상적인 방식으로 심리학적, 생리학적, 특히 과학사적이고 과학이론적인 근본 문제를 다룬 논문에 있을 것이 못 된다고 처음에는 생각할 것이다. 인지와 지식의 관계는 어떻게 서술될 수 있을까? 플렉은 독자에게 논문을 읽기 전에 독자 자신의 눈을 참조하도록 지시하는 시각적이고 이론적인 자극을 불러일으키려고 한 것처럼 보인다. 독자는 눈 이미지를 통해 자신을 바라보고 동시에 이 시각적 퍼포먼스를 통해 논문에서 이어서 다루고 있는 것의 일부가 된다. 역으로 논문에 실린 이 눈 이미지를 면밀히 관찰하려는 독자 자신의 눈 또한 분명 중요하다. 관찰자는 자신을 그리고 자신의 인지를 관찰하기 위해 관찰되는 것이다. 이것은 엄밀하게는 무의식적으로 일어나는 것이지만 논문의 저자에 의해 의도적으로 계산된 것이다.

플렉 논문의 이미지 아래에는 "많은 잘못된 견해가 인지심리학과 사유의 사회학을 분산시킨다"라는 내용이 언급되어 있다. 이것이 의미하는 바는 무엇일까? 이 논문에 실린 눈은 우리에게 개인의 인지와 인지 규칙(인지심리학이 이 규칙들을 다루고 있음) 그리고 집합적, 사회적 조건들(이 조건들 하에서 바로 개인의 인지가 이루어짐)을 연상시키는 것처럼 보인다. 플렉의 시각적 전략을 이해할 수 있는 이 눈은 개인과 사회성의 연결 지점을 나타낸다. 즉 눈은 개인적이면서 동시에 집단적인 것이다. 나아가 개인의 눈에는 분명히 많은 오류의 견해가 존재한다. 그런데 이 견해들은 무엇에 관한 것인가? 점차 그 강령은 보다 더 분명해지고 있다. 적어도 플렉에게 있어 과학사적 시각 및 과학이론적 시각에서 눈의 철저한 계몽은 중요한 문제다. 플렉은 과학을 과학의 시각적 정관을 통해 비판적으로 규정하려 했던 최초의 이론가들 중 한사람이다. 이제 우리는 '시각문화'로서의 과학사와 과학이론의 철저한 논증을 직시하게 된다.

계속 논문을 읽다 보면 독자는 또 다른 이미지(그림 11)를 접하게 되고 동시에 그 이미지를 해석하는 데 초대된다.

"우리는 무엇을 보는가?" 이 질문은 빛의 변화에 따른 사진적 현상의 측면에서 볼 때 정당한 것이다. 플렉은 소위 순수하고 직접적인, 여러 의미의 선택을 가능하게 하는 이미지 묘사를 계속 보여준다. "검은색 배경에 회색의 물결이 이는 표면의 이미지가 나타난다. 몇몇 부분은 표면이 고르지 않은 주름처럼 보이는가 하면 또 다른 부분은 촘촘한 식물의 돌기처럼 보이기도 한다. 어떤 부분은 불투명한 액체의 파동을 연상시키는가 하면 또 다른 부분은 증기를 연상시키기도 한다.(아마도 그 이유는 그쪽 편의 이미지가 불명확하기 때문일 것이다.) 주름진 털가죽과 비슷한 부분도 있는데, 솜털이 보이지 않으므로 털가죽은 아닐 것이

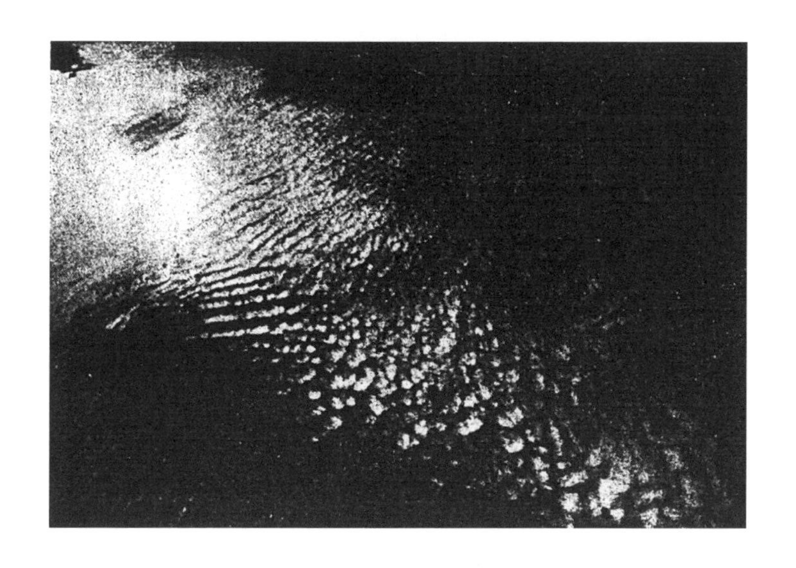

〔그림 11〕 루드비크 플렉의 「눈여겨보다, 보다, 알다」에 수록된 사진

다. 그렇다면 이것은 무엇일까? 확대경으로 본 두꺼비의 가죽이거나 페니실린을 만드는 데 일조한 저 유명한 균류의 일부일까? 어쩌면 오래된 산맥의 봉우리를 근접 촬영한 것일 수도 있지 않을까?"[2]

우리는 이 이미지를 달리 해석하거나, 적어도 또 다른 선택을 고려해볼 수도 있을 것이다. 이것은 특히 이미 오래 전에 출간된 플렉의 1947년 논문에서, 그가 생물학자이자 과학이론가로서 또 다른 연상 구성을 다루고 무엇보다도 분명하게 자연과학적 해석들에 대해 숙고했던 부분에서 드러나고 있다. 물론 이것이 그의 고찰의 핵심은 아니다. 플렉에게는 수수께끼 같은 사진에서 아주 이질적이지만 그럼에도 불구하고 납득할 만한 해석의 선택을 정하는 것이 우선 중요하다. [그림 10]의 눈 이미지는 우리를 당황하게 만들기 위해 우리를 쳐다보았다. 이제 새롭게 다른 방식으로 우리를 당황하게 만드는 [그림 11]의 사진을 보자. 이 사진은 이것이 무엇에 관한 사진인지 모를 때에도 우리가 언제나 사진을 아주 적절한 다수의 해석 중 하나와 관련시킨다는 것을 분명히 보여준다.

이제 플렉은 다음과 같이 이 수수께끼를 푼다. "이것은 기상학자들에 의해 알려진 권적운cirrocumulus을 촬영한 뛰어난 사진이다."[3] 우리는 사진이 무엇에 관한 것인지를 알게 되면 이 사진을 다른 눈으로 다시 한번 관찰하게 된다. "우리는 즉각 하늘의 엄청난 깊이, 주름 잡힌 거대한 구름을 바라본다. 구름의 변화무쌍한 구조는 개별적으로 보면 제한된 지점에서는 중요하지 않지만 전체적으로 보면 양털을 연상시킨다."[4] 이 설명은 쉽고도 설득력 있게 들리지만 과학이론적인 고찰이라는 맥락에서 보면 수많은 함의와 중요한 결과들을 지닌 가설로 재빨리

바뀌게 된다. 플렉이 설명한 이미지를 수용하기 위한 소위 '길들인' 테제란 양털을 뒤집어 쓴 늑대일 것이다. 다소 극단적으로 표현하자면, 이 테제는 인지란 항상 (자연과학의 영역에서도 마찬가지인데) 과학적 논의의 수많은 선택 사항을 포함하거나 제외시키는 특정한 선행입장에 근거하고 있음을 의미한다. 플렉은 그의 논문 서두에서 하나의 실험을 보여준다. 그 실험은 일상생활에서의 인지만이 아니라 과학적 실험에서의 관찰을 목표로 한 것이다. 플렉의 테제에 따르면, 우리는 언제나 우리가 보고자 하는 것만을 보고 우리가 볼 수 있는 것만을 본다. 개개인으로서의 우리가 어떤 것을 인지하게 되면, 우리는 이를 어쩔 수 없이 어떤 집합체의 패턴, 여과 그리고 해석 유형과 관련시킨다. 다른 말로 하면 필연적으로 인지는 문화적으로 코드화되어 있다. 이는 과학 내에서도 마찬가지다. "우리는 우리 자신의 눈으로 바라보기는 하지만 집합체의 눈으로 형태를 보는 것이다. 이 형태의 의미와 허용된 배치의 범위는 집합체가 만들어낸 것이다."[5]

자연과학의 **시각문화**에 대한 물음으로 옮겨가 플렉은 과학적 이미지를 결정적으로 문화상으로 해석하는 것에 대해 설명한다. 플렉은 자신의 유명한 저작 『과학적 사실의 생성과 발전Entstehung und Entwicklung einer wissenschaftlichen Tatsache』에서 이 이론을 정리하고 있다.[6] 이 책에서 그는 과학적 전제를 위해 형성된 문화적 우선권을 과학의 지식 생산으로 옮겨놓으며, 또한 시대를 초월한 소여성으로서가 아니라 문화적 구성으로 이해될 수 있는 객관성의 범주에 관한 새로운 규정을 제시한다. "오직 과학적 관찰의 객관성이라는 것은 비축한 지식, 경험 그리고 과학적 집합적 사고의 전통적 관습과 관찰을 결합한 것에 달려 있다."[7]

플렉은 지식실험과 인식모델에서의 이러한 연결을 "사고 양식Denkstil"이라고 명명한다. 플렉에 따르면, 사고 양식은 어떤 과학자가 인지한 것 그리고 그 과학자가 그것을 인지하는 방법에 있어서 결정적인 것이다. 플렉은 또한 객관성의 규칙들을 규정하는데, 그는 이 규칙들이 결코 상대적인 것이 아니라 바로 문화상으로 규정되는 것이라고 강조한다. 과학적 객관성은 플렉이 결코 비판하지 않은 정당한 가치청구권을 갖는다. 그러나 이 가치청구권은 제한적인 역사적 유효 범위를 가지는데, 여기에 사회적 유효 범위도 더할 수 있을 것이다. 이전부터 과학적 관찰과 이미지를 지원할 뿐 아니라 비로소 가능하게 해주는 몇몇 기기는 기기 편에서 보자면 어떤 특정한 목표를 지닌 인지 방식이 물질적으로 전환된 결과다. 미리 세워놓은 이론적 전제들의 물질적 생산물로서 이 기기들은 축적된 편견의 정도에 따라 특정 현상들을 서서히 사라지게 하며 또 다른 현상들을 재차 인식할 수 있게 만든다. 수많은 과학적 '시각기계Sehmaschinen'는 인간의 지각의 확장이며, 좀더 많은 것을 보게 했고 볼 수 없는 것을 보게 했다. 이점에서 현미경, X선 촬영기, EEG(전기뇌촬영도) 또는 EKG(심전도) 같은 기기, 초음파 기기, CT 기기 및 의학에서의 내시경 영상을 생각해볼 수 있다. 가설이 아주 풍부한 기계장치들과 프로그램에서 생성된 이미지들에 관한 인식을 모으는, 소위 "이미지에 사로잡혀 있는"[8] 과학은 천문학과 생화학 분야에서도 중요하게 다뤄진다. 미학자이자 이미지 이론가인 제임스 엘킨스는 2005년 아일랜드 코크 시에서 전시회를 기획했는데, 이 전시회를 위해 엘킨스는 자신이 강의를 했던 대학의 모든 학문분과 대표자들에게 그들의 이미지 연구사례를 부탁했다. 엘킨스는 이 사례들을 모아 그것에서 무엇이 보이는지를, 이 이미지들이 어떻게 완성된 것인지 그리고 어떻게 이 이미지들이 아주 구체적으로 과학적으로 사용되는지를 학과 대표자들에게 설명하게 했다. 여기서 몇 가지 예를 들자면, 예술사에서 비롯된 사진몽타주와 의학에서의 형광색소-현미경검사를 이용한 사진에서부터 고고학과 지질학의 카드 그리고 천문학, 스펙트로그램,* 바이러스 시각화 기기의 라디오 주파수 장치에 이르기까지 그 스펙트럼이 다양하다. 수집된 대부분의 이미지들은 플렉이 그의 논문 첫 부분에 배치한 이미지와 다소 유사했기 때문에 특별히 설명이 필요했다. 사람들은 무엇에 관해 다루고 있는지 정확하게 알지 못하는데, 가령 다소 하얀 치아, 추수를 마친 들판 또는 고래 꼬리를 클로즈업하여 촬영한 경우에 그러한 이미지에서 무엇이 흥미로울 수 있는지, 그러한 이미지가 무엇에 기여할 수 있을지를 정확하게 알지 못한다. 실제로 연구 결과의 문서 작성에서—문서 작성에서의 시각적 확대는 결과에 대한 설득력과 미래의 연구자금 조달에 큰 영향을 끼칠 수 있는데—자금 조달이 가능한 연구의 현실화에 이르기까지 이미지가 기여하는 스펙트럼은 다양하다. 결국 이미지가 없어도 지장받지 않는 과학 영역은 없으며 대부분의 과학 영역에서 이미지는 완전히 본질적이다. 천문학자 또는 천체물리학자는 기기가 그들에게 제공한 이미지들 없이는 장님인 셈이다. 동시에 실험에서 산출된 데이터는 대부분 복잡한 알고리즘의 도움으로 생성된 이미지들이다. 이 이미지들은 끝에 가서야 과학자와 실험자에게 중요한 것을 보여주기 위해 데이터를 여러 번 변화시키고 데이터를

---

* 음파 분석기로 얻은 음파의 스펙트럼을 사진으로 찍은 것

거르고 데이터에 색상을 지정한다. 비록 사실성의 가치가 기술적 요인들과 주관적 선택 기준에 달려 있는 복잡한 "여러 번의 변환과정의 결과"일지라도, 우리는 컴퓨터가 생성한 이미지들에서 사실성의 가치가 있음을 인정한다.[9] "우리가 자연과학적 이미지와 관련하여 객관성에 관해 이야기한다면", 단지 기술적 이유들로 인해 결과 "또한 상대적"인 것이다.[10]

이러한 인식은 플렉이 이미 그의 논문에서 목표로 삼은 것이기도 하다. 플렉은 선행견해, 확신, 이론 등과 같은 실험규정이 '보이는 것'에 있어 결정적이라는 사실을 분명히 하고자 한다. 플렉에 따르면, "과학기기는 사고를 과학적 사고 양식의 궤도로 향하게 한다. 과학적 사고 양식은 특정한 형태를 보도록 준비시킨다. 이러한 준비에서 다른 것을 보려는 가능성은 동시에 제거된다."[11] 이것은 이미지에도 적용되는데, 이미지는 아주 다른 형태로 과학적 연구와 연구 결과 제시를 수반한다. 로레인 대스턴과 피터 갤리슨은 그들의 저작 『객관성Objektivität』에서 과학에 있어 중요한 개념인 객관성이 과학의 역사에서 아주 다양하게 규정되고 이해되었음을 강조할 뿐만 아니라 또한 이를 수많은 이미지 사례를 통해 규명해낸다.[12] 이미지는 이론에 의해 바뀌고, 역으로 이론 역시 이미지에 의해 바뀐다. 이것이 (자연)과학의 시각문화의 중심 테제 중 하나다. 대스턴과 갤리슨은 특히 지식 전달, 지식의 규범화 및 표준화에 기여한 그림책과 도판을 동원하여 이를 분명히 보여준다. 그림책과 도판에서 묘사는 이른바 자연에 충실한 이미지에서 너무나 이상화된 이미지들로 변화한다. 이 이미지들은 가령 눈송이, 어느 한 종류의 암소 또는 채집한 버섯에 관한 다양한, 아주 상이한 그림들에서 가능하면 전형성을 묘사하려 한 것이다. 전형성 묘사는 다량의 상이한 현상을 대표하도록 요구한다. 사진술의 등장으로 과학이론에서의 객관성의 이상은 분명 변화되었다. 이제 사진술의 이미지 매개는 주관적 개입으로부터 벗어날 수 있는 객관성의 이상적 이미지로서 기여한다. 이로써 사진의 이미지는 과학실험의 **인식론적 모델**epistemisches Modell인 것이다. 인식론적 모델은 연구의 결과일 뿐만 아니라 연구 결과에 연구의 인식 규칙을 제공하기도 한다. 기계적 장치로 제작된 사진의 이미지들은 연구자의 주관성을 밀어내고 이를 체계적으로 제외시키고자 시도하는 객관성 구상의 모델이 되었다. 객관성 구상은 이제 사진이 사실적이고 진실에 충실한 이미지, 즉 (방해하는) 인간의 개입 없이 "자연의 연필"이 그려낸 이미지라는 사고를 지배한다. 사람들이 객관성 구상에 부여한 특성을 근거로 사진은 기술적 이미지의 특별한 형태로서 연구의 이상이 되었다. 19세기 중반에 사진은 이미지와 메타포로 설명되었는데(사람들은 이른바 "기억이 있는 거울" "빛의 언어" "하늘에서 떨어진 인쇄물"에 대해 말했다[13]), 이미지와 메타포는 과학적 객관성의 이상형이 되었다. 오늘날 우리는 사진의 객관성에 대해 분명한 유보를 표명할 수도 있을 것이다. 이는 이미지의 조작 가능성을 불가피하게 만들고 널리 보급시킨 디지털 기술의 등장 때문만은 아니다. 롤랑 바르트가 사진의 확실성이라는 특징을 설명했던 것처럼,[14] 사진은 특히 "있었던 것" 혹은 "있는 그대로"의 이른바 확실한 증거를 토대로 조작에 좀더 큰 확신을 마련해주기 위해 삽입되었다. 이는 특히 자연과학에도 적용되었다. 일례로 생물학자 파울 캄머러는 20세기 초반에 환경의 영향이 생물체에 지속적인 변화를 가져올 뿐만 아니라 이 변화가 또한 유전될 수 있음을 입증하고자 했다.[15] 캄머러는 이를 "강요된 형질의 유전"이라고 명명했다. 이러한 테제는 그 시대의 발생학의 정통학설에서는 받아들여질 수 없는 것이었고(오늘날 캄머러의 이론에 대한 수용 용의는 확실히 커졌다) 따라서 날카로운 비판을 받았다. 실제로 캄머러는 산파두꺼비와 불도롱뇽 사례를 사진을 찍어 공개하면서 이미지 조작에 이용했다. 캄머러는 사진 속 상에 특성이 나타나지 않는 두꺼비에 잉크를 주입하는가 하면 또 사진에 많은 수정을 가하기도 했다. 이 사진들은 캄머러에게 시각적 확신을 주기 위한 계산된 수단이 되었고 이 시각적 확신은 적대적 연구자 집단의 태도를 바꾸게 했다. 실제로 그 사진들을 동물과 비교한 결과 비로소 대부분이 위조라는 사실이 밝혀질 수 있었다.

사진은 과학에서 오래전부터 시각적 객관성의 매체로 이용되었다. 그에 반해 우리는 인공성, 문화적 코드, 역사적·추론적 조건을 강조하는 사진의 역사성을 시각문화 이론의 중요한 전략의 하나로 알고 있다. 객관적 증거는 이러한 지평에서 이미 문제시된 '자연적인 것'의 '학문적 쌍둥이'처럼 등장했다. 이미지가 이른바 객관적이고, 이해관계 없는, 사실적인 '순수한 눈'에 의해 인지되고 기록되고 나서야 우리는 눈이 소위 중립적으로 인지한 것이 "그러하도록 믿음과 욕망의 전체 경향에 의해 그리고 코딩언어와 일반 장치에 의해 결정된"[16] 것임을 상기할 수 있다. 자연과학에서의 시각문화들을 강조하는 것은 이를 이미지의 (과학사라고 하는) 역사에 제한시킴을 의미하지 않는다. 오히려 이미지를, 이미지에 축적된 그 모든 것으로 인해, 역사의 대리인으로 이해하고 설명하려는 시도가 받아들여져야 한다. 이미지는 과학에서 이론을 이끌어가고 이론을 정하며 생산하는 기능을 갖는다. 가령 찰스 다윈이 그림으로 실례를 들었던 것처럼 이미지는 종종 시각화의 가능성을 통해 비로소 특정 이론의 수용을 생각할 수 있게 하는 이론의 합당한 중개인이기도 하다. 율리아 포스는 자신의 책 『다윈의 그림들Darwins Bilder』에서 "이미지의 끊임없는 구상, 변형, 가공"[17]을 강조했을 뿐만 아니라 이미지로 인해 "그 이전에는 생각할 수 없었던 상상의 공간이 역사에 마련되었음"[18]을 분명히 밝힌다. 다윈은 갈라파고스의 핀치새들 사이에서 특정 연관관계(그리고 이른바 중요한 차이)를, 주로 이미지를 통해 비로소 인식할 수 있었다. 그렇다면 다음과 같이 질문할 수 있을 것이다. 과학에서 이미지는 무엇에 기여하는가? 이미지는 분류의 시각 방식이자 시간성의 묘사일 뿐만 아니라 관찰 훈련과 이론 파악에도 기여한다. 그리고 마지막으로 또 하나 중요한 것을 말하자면, 이미지는 교수법에도 기여한다. 율리아 포스가 파울 클레의 진술을 빌려 설명한 것처럼 이미지는 볼 수 있는 것을 재현하는 것이 아니라 무엇인가를 볼 수 있게 만든다. 이미지는 (과학적) 증거Evidenz를 낳는다고 말할 수도 있을 것이다. 라틴어 **videre**['보다'라는 뜻]에서 나온 증거라는 단어의 어원이 시사하듯이 눈앞에 있는 것만이 확실한evident 것이다.[19] 그림의 문화적 조건성을 근거로 시각적으로 제시된 증거 역시 강요로 생긴 가시화된 것이라고 잘못 이해할 수도 있다. 사실 증거라는 개념이 계속되는 질문 또는 논증을 불필요한 것으로 설명하는 데 기여할수록 이러한 이해를 더 바라게 된다. 예로 다시 돌아가보자. 사람들은 다윈 일기장의 스케치를 근거로 어떻게 다윈에게 시각적 도해가 역사적 과정을 상상할 수 있게 만들었고 구상화할 수 있게 해주었는지를 분명하게 밝힐 수 있다. 이론은 테오리아theoria, 즉 관조를 필요로 한다. 관조는 다윈의 경우에 삶, 발전과 역사, 과정과 경과와 같은 단어들의 의미에서 분명해지는 질서의 연상을 가능하게 했다. "생명체의 질서를 그 안에서 보이게 하는 매체는 이미지였다."[20] 이미지는 자연의 새로운 질서를 보여주었다.

다윈으로 인해 자연의 이미지만 변한 것은 아니다. 오히려 진화의 이미지들도 변했다. 이 말 그대로 받아들이자면, 이미지는 자연과학자의 이론에 동반될 뿐만 아니라 이론을 특징짓기도 한다. 이에 대한 가장 유명한 사례가 바로 세기 전환기에 잘 알려진 생물학자 에른스트 헤켈이다. 헤켈은 자신의 저작 『자연의 예술형식Kunstformen der Natur』에 아름답고 다채로운 이미지들을 넣었는데, 이 이미지들은 대칭, 질서, 구조, 매력적인 미적 형태들로 가득 차 있다.[21] 헤켈은 자연을 그러한 시각적 질서의 제국으로 인지했고, (이후에 자신의 책들 중 하나에 제목으로 달기도 한) "예술가로서의 자연"이라는 말로 이를 표현했다.[22] 헤켈은 자연 전체에 기초가 되는 규칙이 각각의 자연물 내에도 있다는 사실을 발견했다. 그렇게 이미지는 책에서 도식화된 형식과 질서의 제국을 칭송하는데, 이 제국은 한 번 발견되어 풍부한 도안으로 담겨지고 또 다시 예술에 의해 발견된다는 것이다. 이러한 종속성과 연루는 자연과학의 사회적 주요 기능에 있어서 전형적인 것이며 "시각문화들"이라는 복수형태의 또 다른 면이다. 예술은 "과학의 이미지에서 자신의 본질"[23]을 발견한다. 헤켈의 방산충, 해파리, 달팽이, 조개, 규조, 식물의 씨앗 그림은 자연의 시각적 질서를 보여준다. 헤켈의 사상과 설명에 따르면, 이 시각적 질서는 미생물의 세계에서 대우주에까지 이른다. 풍부하게 형상화된 책 속의 그림들을 관찰하다 보면 우리는 이 모든 것을 포괄하는 질서를 볼 수 있으며 또 보아야 한다.

앞서 언급한 루드비크 플렉의 구름사진 역시 시각문화의 문제를 또렷이 드러내주는 여러 가능성을 열어놓았다. 한편으로는 이른바 구름에 관한 학문인 구름학의 역사를 재구성할 수 있을 것이다. 이 학문은 19세기 초반에야 비로소 만들어졌으며 점차 자연현상의 혼란스러운, '구름에 싸인 듯 불분명한' 현상 이미지에서 규칙성을 알려주었으며 이 규칙성은 세계의 구름 도해서의 형태로 받아들여졌다. 이미지로 인해 비로소 구름학에서 새로이 목표로 삼았던 체계화와 연구가 그로부터 생겨난 사용 영역과 더불어 가능해졌다. 또 다른 한편으로는 구름의 시각적인 과학적 탐색이 예술과 예술의 해석 전통에 영향을 미쳤다. 무한한 예술사적 스펙트럼을 드러내는 가장 복잡한 자연의 이미지들을 스케치하기 위해서 자신들 입장에서 '자연적인' 표현을 이용하는 예술가들에게 구름 사진은 도안으로서 제작되었다. 이를테면 낭만주의에서 현대에 이르기까지 구름은 주관적 감정의 거울로, 통일성의 이미지 또는 숭고함의 이미지로, 우연성의 표시로 또는 추상의 가능성으로 간주된다.[24] 과학적 시각화에서 시작하여 예술을 거쳐 감정적으로 채워진 메타포에 이르기까지, 신호 색상이 있는 그래프와 북극곰 사진이 있는 시의성 있는 기후 논쟁과 같은 그러한 역사적 경우에서 여러 시각문화 간의 이미지의 순환이 분명해진다. 특히 자연과학적 시각화에서의 포괄적 효력은 과소평가될 수 없다. 루드비크 플렉이 이후에 쓴 관찰에 관한 또 다른 논문에서 정확하게 다음과 같이 설명한 것은 모든 영역에 해당될 것이다. "본다는 것은 그 해당된 순간에 사람들이 속해 있는 사고공동체가 창조해낸 이미지를 모사하는 것을 의미한다."[25]

Andreas Beyer und Markus Lohoff (Hg.), *Bild und Erkenntnis. Formen und Funktionen des Bildes in Wissenschaft und Technik*, München 2006.

Olaf Breidbach, *Bilder des Wissens. Zur Kulturgeschichte der wissenschaftlichen Wahrnehmung*, München 2005.

Lisa Cartwright, *Screening the Body. Tracing Medicine's Visual Culture*, Mineapolis und London 1995.

Lorraine Daston und Peter Galison, *Objektivität*, Frankfurt/Main 2007.

Fotographie und das Unsichtbare 1840-1900, Ausstellungskatalog Albertina Wien, Wien 2009.

James Elkins (Hg.), *Visual Practices Across the University*, München 2007.

Dominik Gross und Stefanie Westermann (Hg.), *Vom Bild zur Erkenntnis. Visualisierungskonzepte in den Wissenschaften*, Kassel 2007.

Martin Kemp, *Bilderwissen. Die Anschaulichkeit naturwissenschaftlicher Phänomene*, Köln 2003.

Klaus Sachs-Hombach (Hg.), *Bildwissenschaft. Disziplinen, Themen, Methoden*, Frankfurt/Main 2005.

Jennifer Tucker, *Nature Exposed. Photography as Eyewitness in Victorian Science*, Baltimore 2005.

Julia Voss, *Darwins Bilder. Ansichten der Evolutionstheorie 1837-1874*, Frankfurt/Main 2007.

| 10장 |

결론

연구 영역으로서의 시각문화

시각문화연구—왜 이런 학과는 독일어권 대학에 설치되지 않았을까? 독일 대학의 기존 학과들이 보지 못하는 맹점이 있는가? 새로운 질문, 새로운 대답, 새로운 통찰들의 연관관계가 매력적이지 못하다는 것인가? 이 입문서에 표명된 단초, 이론, 관점들은 사실 역사적으로 독일어권에서 발전한 정신과학 또는 사회과학의 어느 한 학과에 위치시키기 어렵다. 그것은 대부분 학제적 개방성 또는 초학제적 이론-도입의 결과물이다. 이 개방성은 오늘날 예술학/예술사, 매체학, 사회학 그리고 문예학에서 일반적으로 확인할 수 있다. 또한 역사학, 정치학에서도 전승된 학과목의 경계를 넘어서는 관심을 두루 보여주고 있으며, 특히 시각적인 것의 기호에 대하여 그렇다. 문화학적 또는 매체이론적 관심이 생겨나면서 다른 영역의 이론가들을 이들 학과에서도 읽게 되었고, 관련 질문과 대상들이 새로운 방식으로 탐색되었다. 앞에서 언급된 학과들은 모두 연구 방법 및 연구를 위한 문제 제기가 가지는 상이성을 통하여 구별된다. 이들 과목 안에서 도대체 언제 결정적으로 학과목의 고유한 관할 구역을 넘어서게 되었는지에 대한 합의된 견해를 찾아내기는 어렵다. 특정한 학파 또는 어느 학과의 연구 분야는 때때로 학과의 규준이 되는 분야에 유효했던, 혹은 지금도 아직 유효한 언어와는 다른 학과목의 언어를 사용하기도 한다. 이는 문화학적 연구 즉 정치 그리고 사회학, 문예학, 매체사가 만나는 지점의 예술이나 사회적 문제들에 정향된 현실적인 연구들만 생각해봐도 쉽게 이해할 수 있다. 또한 매체학은 메타학문이며, 독일에서는 이미 명성을 가진 학문 분야다. 매체학이라는 넓은 지붕 아래에 경험적인 매체연구, 커뮤니케이션학, 신문학, 기술사와 매체미학, 영화나 비디오극 분석과 같은 다양한 접근로들이 연합하고 있다. 매체학의 스펙트럼은 매체철학, 매체사회학 또는 정보학의 특정 분야까지 계속 확장될 수 있다. 이 책의 서론과 제4장에서 윤곽을 그렸듯이, 학과목을 초월하여 팽창되어 있는 이미지에 대한 관심은 약 20년 전부터 '이미지학 Bildwissenschaft(en)'이라는 이름으로 새로운 질문과 학과목 사이의 협업을 제안하고 있다.[1] 이런 경향을 통하여 예술학에서는 규범 확장의 고유한 전통을 다시금 의식하게 되었고, 새로운 대상과 문제 제기를 위한 개방성이 증대되었다.

이런 배경을 보건대 분명한 것은 독일어권에서 시각문화라는 학과목을 창설할 필요는 없다는 것이다. 이 책에 인용된 독일어 연구문헌들이 이를 입증해준다. 그뿐 아니라 어떤 복합적인 것이나 이 책 모든 장의 논지들을 기존 학과들 안에 무난하게 배치할 수가 있다. 이것은 물론 시각문화 영역에서 제기된 질문들이 진부하거나 불필요하다든지, 혹은 기존 학과목들의 특정한 연구 분야와 완전히 일치한다고 주장하려는 것은 아니다. 오히려 그와 반대다. 이미지 문제를 강령적으로 넘어서는 시각성에 대한 질문은 지난 몇 년간의 모든 중요한 전환(문화적, 기호학적, 역사적, 공간적 전환 등)을 동일한 수준으로 포괄하고, 여기에 계속하여 문화비판적 방향 전환을 요청한다. 문화비판적 전환을 탐구하는 의미는 역사적 질문을 제기하여 현재와의 연관관계, 그에 대한 분석과 진단을 분명하게 하고, 그로부터 또한 문화에 대한 이러한 해석 관점이 지니는 끊임없는 매력과 수용 의지를 생성하려는 것이다.

그럼에도 불구하고 왜 영미권 국가들, 특히 미국에서 새로운 학과목의 이름과 전공과목들을 창설하는 패러다임 전환이 필요했는지를 물을 수 있다.

그에 대한 첫 번째 가설은 다음과 같다. 미국에는 유럽에서 그동안 제도적으로 설치되었던 그런 형태로는 매체학과가 존재하지 않았다는 것이다. 이것은 한편으로는 독일에서 노르베르트 볼츠, 빌렘 플루세르, 프리드리히 키틀러, 폴 비릴리오가 관철시킨 형태의, 즉 일반 학문으로서의 매체학과가 미국에는 없었다는 사실과 관련된다. 독일에서는 전통적인 학과목들과 (특히 정신과학과) 단절하는 것으로 연출되고 관철되었던 것이, 미국에서는 이미 자리 잡은 연구 분야의 연관관계 안에서 행해졌기에 독창적인 프로필을 획득하지 못했다. 따라서 시각문화연구는 매체학 연구의 특정한 영역들(결코 모든 영역은 아니다)을 포함하고 있는 하나의 새로운 학문 영역을 다른 방식으로 창설하려는 시도로서 이해할 수 있을 것이다. 이 책의 여러 장에서 분명히 한 바와 같이 연구의 중점은 각기 다른 곳에 놓인다.

두 번째 가설은, 다문화사회로 각인된 사회에서 기존의 준거 그리고 옛 유럽의 고급예술을 유지하려는 노력은 문화적으로 동질적인 유럽의 환경보다 미국의 미술사에서 더욱 광범위하고도 훨씬 강력한 압력을 받았다는 것이다. 전통적으로 시각적인 것을 책임지고 가르쳐야 하는 학과에서 다른 예술 전통이나 시각적 재현을 주변부화하는 것은 특별한 이목을 끈다. 미국 건국 이후 문화의 다양성과 순수한 (팝)문화의 발전을 고려한다면, 대서사들, 방법론과 미술사학과의 박물관 소장품들에 영향력을 행사한 옛 유럽의 준거를 고수하는 것은 속물근성과 차별의 극단적 형식으로 비쳐진다. 올림픽 신들이 있는 하얀 대리석, 이탈리아 귀족의 자화상 또는 세습 귀족들의 도시문화, 시민성과 문화적 경관의 네덜란드식 재현들—이들은 유럽에서는 어느 정도 집단별로 나누어져 있는 역사이지만, 미국에서 그것은 현 사회의 과도한 표상이 되고 있는 그저 하나의 전통일 뿐이다. 그런 사회는 증폭되고 있는 다양성, 실질적인 불평등과 그것으로부터 나오는 정치적 문제들 때문에 바로 시각적 영역에서 특별한 방식으로 해법을 찾을 수밖에 없다. 즉 언어의 한계를 넘고 또한 초환경적인 영향력을 행사하는 대중매체의 힘을 빌려 시각적 영역에서 분리와 억압의 과정, 혹은 반대로 정당한 참여를 중심적으로 다루는 길을 찾아야 한다. 그런 사회에 시급한 일은 현재 그 안에서 작용하고 있는 여러 경향과 동력을 분석하는 것이다. 시각문화연구학과의 설립은 1980년대에 뉴아트히스토리New Art History라고 지칭된, 사회적 의무를 지향하는 예술사의 경향을 일관되게 계승한 것으로서 이해되며, 다른 한편으로는 68혁명 이후에 시작된 이데올로기 비판적 자기반성으로 이해되기도 한다. 여기서 이미 "연구 대상에 대한 규준을 매체학과 지정학의 영역으로 확장하고, 사회사적이고 인류학적인 기능이라는 맥락에서 '자율적' 예술작품을 관찰하며, 또한 해묵은 학파들의 실증주의와 이상주의를 극복하려는 노력"이 시작되었던 것이다.[2]

먼저 고전적 예술사를 보완하고 확장하는 형식으로—간략하게 서술한 상황을 보면 그다지 이상할 것이 없는—여러 곳에서 학문정책적인 억압의 과정이 수행되었고, 고전적 예술사와 경쟁하는 과목으로 시각문화학과가 설립되었다. 언제나 환영받는 반응은 아니지만 새로운 학과목의 문제점들은 어디에 있는가 하는 질문들이 나왔다. 자주 반복 제기된 비판은, 고전적 대상의 경계들이 무너진다면 어설픈 딜레탕티슴이 들어와 자리를 잡는다는 것이다. '기술의 해체'라는 키워드 아래 학과목의 전문지식과 감수성들이 손상된다는 우려가 제기되었다. 그리고 실제로 문화학에서 유래하는 기원을 기반으로 새로운 패러다임은 사회분석적인 도구들을 무비판적으로 도입함으로써 시각현상과 특수한 이미지들의 특수성들을 놓칠 위험성을 내재하고 있다. 이러한 위험이 새로운 방법과 이론을 통해 생겨날 수 있을 때에도 여기서 제기되는 포괄적인 질문은 다음과 같다. 완전히 시각적인 분야에 종사한다고 말할 수 있으려면 무엇을 알아야 하며 무엇을 할 수 있는가? 확고한 대상 영역이 없는 학과가 어떻게 그 전반적 임의성에서 벗어날 수 있을까? 여기서 특정한 상호학제적 영역들은 특수한 전문 커리큘럼에 기반하여 논의의 대상으로 삼아야 한다는 점은 충분히 고려해볼 만하다.

이미 2003년에 제임스 엘킨스는 그의 저술 『시각연구, 회의론적 관점에서의 서론』에서 시각문화 분야를 좀더 구체적이며 복합적으로 구축하기 위한 열 가지 제안을 모아 정리한 목록을 만들었다. 그 목록은 마르크스주의적 전통과 벤야민, 푸코, 바르부르크 등의 정전 텍스트들을 비판적으로 다루는 것에서부터, 자연과학에서의 이미지 생산에 관한 진지한 논쟁과 엄격한 역사화를 위한 요구를 포함하며, 다문화성 및 학문적 경쟁 그리고 이론 형성에 있어 담론적 형식에 대한 질문에까지 이르고 있었다. 이런 요구들의 대부분은 여러 분과학문의 통섭적 연구를 통해, 특히 이미지학을 보완함으로써 이미 실현되었다. 또한 시각연구가 9·11 사태의 분석에 기여하지 못했다는 엘킨스의 비난은 클레망 쉐루나 미첼의 연구에 의해 반박되었다.[3]

오늘날 시각문화는 하나의 형태로 생성되었고, 그 형태의 변화는 오래전에 이루어졌다. 시각문화연구가 독일에서는 학과목으로 설치된 적이 없고 앞으로도 설치되지 않는다 할지라도, 이는 이미 오래 전부터 다른 방식으로 현존하고 있다. 우리는 이것을 이미지사회학, 과학사, 문학연구, 매체연구, 예술학과 이미지학에서 찾아볼 수 있으며, 철학과 민속학의 일부에도 이미 포함되어 있다. 따라서 영미권 국가에서 독자적 학과로서 형성된 것을 단순히 이름만 바꾸거나 전용하는 것이 중심이 되는 것이 아니라, 그 학과목의 질문과 자극들을 받아들이는 것이 문제의 핵심이다. 이를 위해서는 무엇보다도 이미지에 제한되지 않도록 시각적 영역을 넓혀야 할 뿐 아니라, 문화적 시각성의 확장된 차원들의 다양성을 시야에 넣어야 할 것이다. 예컨대 젠더 관점, 탈식민주의의 문제 혹은 소수자들의 재현 문제, 감각지각의 역사, 자연과학에서의 이미지 생산 연구, 시각적인 것의 정치적 또는 이데올로기적 기능, 권력의 관점 등이 그것이며, 이 책에서 개략적으로 설명되어 있다.

이미지학과 마찬가지로 시각문화의 영역에서 우리는 "시각적 본질주의"[4]와 조우하게 될 위험성이 있다. 시각적인 것에 대해 자의적으로 새롭게 경계를 설정하고, 이미지와 시각적 영역 속에서 감각과 의미, 문화의 새로운 본질적 원천을 보는 가운데 비시각적인 것, 특히 텍스트와의 관계성을 도외시할 위험이 있는 것이다. 이와 반대로 시각문화가 주는 자극은 이미지와 시각성을 복합적이고 **문화적인 구성**으로서 보는 것, 즉 관점을 전환하는 데 있다. 이는 시각적인 것 혹은 이미지들이 불러오는 큰 혼란을 몰아내려는 것이 아니다. 오히려 문화연구에서 시각적인 것과 시각성이 가지고 있는, 문제를 조명하고 비판적-구성적으로 탐색하는 가능성을 인지하고자 하는 것이다. 그것은 이미 설치된 기존의 학과목들에게도 중요한 확장이나 연결을 체험하는 결과를 가져올 것이다. 이 책이 그런 길을 안내한다면, 목적을 이룬 것이다.

참고문헌

Mieke Bal, "Visual Essentialism and the Object of Visual Culture", in: *Journal of Visual Culture*, Jg. 1/2 (2003), 5~32쪽.

Diedrich Diederichsen, "Visual Culture", in Hubertus Butin (Hg.), *DuMonts Begriffslexikon zur zeitgenössischen Kunst*, Köln 2002, 300~302쪽.

Margaret Dikovitskaya, *Visual Culture. The Study of the Visual after the Cultural Turn*, Cambridge/Mass. und London 2006, bes. 64~118쪽.

James Elkins, *Visual Studies. A Skeptical Introduction*, New York und London 2003.

Gustav Frank und Barbara Lange, *Einführung in die Bildwissenschaft. Bilder in der visuellen Kultur*. Darmstadt 2010.

Andrew Hemingway und Norbert Schneider (Hg.), *Bildwissenschfat und Visual Culture Studies in der Diskussion* (=Kunst und Politik. Jahrbuch der Guernica-Gesellschaft 10), Göttingen 2008.

W.J.T. Mitchell, "Das Sehen zeigen: Eine Kritik der Visuellen Kultur", in: ders., *Bildtheorie*, hg. v. Gustav Frank, Frankfurt/Main 2008, 312~343쪽.

Susanne von Falkenhausen, "Verzwickte Verwandtschaftsverhältnisse: Kunstgeschichte, Visual Culture, Bildwissenschaft", in: Philine Helas u.a. (Hg.), *Bild/Geschichte. Festschrift für Horst Bredekamp*, Berlin 2007, 3~14쪽.

"Questionnaire on Visual Culture", in: October, Sommer 1996 (Sonderheft der Zeitschrift).

1장

1 여기서 미첼이 자신의 논문 「그림이 원하는 것은 무엇인가?What do pictures want?」에서 첨예화와 비판의 이중적 운동 안에서 논의했던 대로 무의식적인 이미지-애니미즘Bild-Animismus을 생각해보는 것이 가능하다.(dt. 「Was will das Bild?」, in: W. J.T. Mitchell, Das Leben der Bilder, Eine Theorie der visuellen Kultur, München 2008, 47-77쪽.) 문화학에서의 물신-개념에 대해서는 다음을 참조하라. Hartmut Böhme, *Fetischismus und Kultur: EIne andere Theorie der Moderne*, Reinbek bei Hamburg 2006.

2 Walter Benjamin, *Das Kunstwerk im Zeitalter seiner technischen Reproduzierbartkeit* (=Suhrkamp Studienbibliothek 1), Frankfurt/Main 2007, 14쪽.

3 같은 책.

4 Hartmut Böhme, "Vom Cultus zur Kultur(wissenschaft). Zur historischen Semantik des Kulturbegriffs", in: Renate Glaser und Matthias Luserke (Hg.) *Literaturwissenschaft-Kulturwissenschaft: Positionen, Themen, Perspektiven*, Wiesbaden 1996, 48-68쪽, 여기서는 53쪽 참조.

5 Aleida Assmann, *Einführung in die Kulturwissenschaft. Grundbegriffe, Themen, Fragestellungen*, 3., neu bearbeitete Aufl. Berlin 2011, 14쪽.

6 Samuel P. Huntington, *Kampf der Kulturen. Die Neugestaltung der Weltpolitik im 21. Jahrhundert*, München 2002, 331쪽.

7 그러한 과정은 특히 문화기호학자인 유리 로트만에 의하여 강조되었다. Jurij Lotmann, "Über die Semiosphäre", in: Zeitschrift für Semiotik, Jg. 12 (1990), Heft 4, 287-305쪽 참조. 또한 같은 저자의 책, *Kultur und Explosion*, Frankfurt/Main 2010 참조.

8 다음의 입문서를 추천한다. Perdita Rösch, *Aby Warburg*, Stuttgart 2010.

9 Clifford Geertz, *Dichte Beschreibung: Beiträge zum Verstehen kultureller*

Systeme, Frankfurt/Main 1983, 9쪽.

10 Stephen Greenblatt, "Kultur", in: Moritz Baßler (Hg.), *New Historicism, Literaturgeschichte als Poetik der Kultur*, 2. Aufl., Tübingen/Basel 2001, 48-59쪽.

11 W. J.T. Mitchell, "Das Sehen zeigen: Eine Kritik der Visuellen Kultur", in: ders., Bildtheorie, hg. v. Gustav Frank, Frankfurt/Main 2008, 312-343쪽, 여기서는 323쪽 참조.

12 Assmann, Einführung in die Kulturwissenschaft, 13쪽.

13 이에 대해서는 클라우스 한젠Klaus P. Hansen의 서문을 참조하라. In: ders. (Hg.), Kulturbegriff und Methode. Der stille Paradigmenwechsel in den Geisteswissenschaften, Tübingen 1993, 7-15쪽.

14 이러한 맥락에서 최근 지그리트 샤데Sigrid Schade와 질케 벤크Silke Wenk의 유익한 안내서가 출판되었다. *Studien zur visuellen Kultur. Einführung in ein transdisziplinäres Forschungsfeld* (= Studien zur visuellen Kultur 8), Bielefeld 2011.

15 Mitchell, "Das Sehen zeigen", 316쪽.

16 Andrew Hemingway, "From Cultural Studies to Visual Culture Studies: An Historical and Political Critique", in: ders. und Norbert Schneider (Hg.), Bildwissenschaft und Visual Culture Studies in der Diskussion (= Kunst und Politik. Jahrbuch der Guernica-Gesellschaft 10), Göttingen 2008, 11-19쪽, 여기서는 12쪽 참조.

17 Stuart Hall, "Introduction", in: ders. (Hg.), Representation: Cultural Representations and Signifying Practices (Culture, Media, and Identities), London 1997, 1-12쪽 참조.

18 여기에 대해서는 연구들의 프로필에 대한 마거릿 디코비츠카야Margaret Dikovitskaya의 서술을 참조하라. *Visual Culture: The Study of the Visual after the Cultural Turn*, Cambridge/Mass. 2005.

19 Nicholas Mirzoeff, *An Introduction to Visual Culture*, London und New York 1999, 특히 1-7쪽 참조.

20 Jessica Evans und Stuart Hall, "What ist Visual Culture?", in: dies. (Hg.), *Visual Culture: The Reader*, London/New Delhi 1999, 1-7쪽, 여기서는 3쪽 참조.

21 James Elkins, *Visual Studies: A Sceptical Introduction*, New York und London 2003, 125-195쪽; W.J.T. Mitchell, "Was ist Visuelle Kultur?", in: ders., *Blidtheorie*, Frankfurt/Main 2008, 237-261쪽 참조.

22 다음의 관점은 이리트 로고프가 제기한 것이다. Irit Rogoff, "Studuing Visual

Culture", in: Nocholas Mirzoeff (Hg.), *The Visual Culture Reader*, London und New York 1998, 14-26쪽.

23 위의 책, 14쪽 참조.

24 위의 책, 16쪽 참조.

25 Mirzoeff, An Introduction to Visual Culture, 5쪽.

26 특히 문화의 관찰에 있어서의 아포리아를 성찰하고 있는 것으로는 다음 참조. Dirk Baecker, Wozu Kultur?, Berlin 2001.

2장

1 Gosbert Schüssler, "Das göttliche Sonnenauge über den Sündern. Zur Deutung der 'Mesa de los pecados mortales' des Hieronymus Bosch", in: *Münchner Jahrbuch der bildenden Kunst*, Dritte Folge, Bd. 44(1993), 118~150쪽.

2 쉬슬러는 죄악들이 눈에 상징적으로 표현되어 있다는 흔히 제기된 주장을 설득력 있게 반박하지 못했다.

3 상단 제명의 라틴어 원문 약자를 풀어 적으면 다음과 같다. Gens absque consilio est sine prudentia. Utinam saperent et intelligerent et novissima providerent. 하단 제명은 다음과 같다. Abscondam faciem meam ab eis considerabo novissima eorum.

4 Guillaume de Deguileville, *Boeck van den pelgherym*. 네덜란드어판 1486년, 프랑스어 원본 1335년.

5 Walter S. Gibson, "Hieronymus Bosch und die Mirror of Man. The Authorship and Iconography of the Tabletop of the Seven Deadly Sins", in: *Oud Holland*, Jg. 87(1973), 205~226쪽, 여기서는 222쪽 참조.

6 Nikolaus von Kues, *Vom Sehen Gottes. Ein Buch mystischer Betrachtung*, übers. von Dietlind und Wilhelm Dupré, mit einem Nachwort von Alois M. Haas, Zürich 1987, 24쪽.

7 1 코란 13: 12. "우리가 지금은 거울에 비친 모습처럼 어렴풋이 보이지만 그때에는 얼굴과 얼굴을 마주 볼 것입니다. 내가 지금은 부분적으로 알지만 그때에는 하느님께서 나를 온전히 아시듯 나도 온전히 알게 될 것입니다."

8 이에 관해서는 Suzannah Biernoff, *Sight and Embodiment in the Middle Ages*, Basingstoke 2002 참조.

9 Silke Tammen, "Sehen und Bildwahrnehmung im Mittelalter", in: Ulrich Pfisterer(Hg,), *Metzler Lexikon Kunstwissenschaft. Ideen, Methoden,*

Begriffe, Stuttgart und Weimar 2003, 380~385쪽, 여기서는 380쪽 이하 참조.

10 Pseudo-Bonaventura, *Mediationes Vitae Christi*, in: Bonaventura, Opera Omnia, Bd. 12, hg. v. A. C. Peltier, Paris 1868, 576b쪽. 원문은 다음과 같다. Quid enim est tam efficax ad curanda conscientiae vulnera, necnon ad purgandam mentis aciem, quam Christi vulnerum sedula meditatio?

11 인류학자 메리 더글러스와 관련해서는 Andréa Belliger und David J. Krieger(Hg.), *Ritualtheorien. Ein einführendes Handbuch*, 4. Aufl., Wiesbaden 2008, 16쪽 이하 참조.

12 Lentes, "Der göttliche Blick. Hieronymus Boschs Todsündentafel - eine Einübung ins Sehen", 24쪽 참조.

13 Louis Althusser, *Ideologie und ideologische Staatsapparate. Aufsätze zur marxistischen Theorie*, Hamburg u.a. 1977, 133쪽.

14 위의 책, 142쪽.

15 위의 책, 141쪽 참조.

16 위의 책, 143쪽 참조.

17 위의 책, 145쪽.

18 위의 책, 146쪽.

19 Schüssler, "Das göttliche Sonnenauge", 126쪽 이하 참조.

20 위의 글, 147쪽.

21 Kathryn Starkey, "Visual Culture and the German Middle Ages", in: dies. und Horst Wenzel (Hg.), *Visual Culture and the German Middle Ages*, New York und Basingstoke 2005, 1~12쪽, 특히 2쪽.

22 Roman Leuthner, *Nackt duschen streng verboten. Die verrücktesten Gesetze der Welt*, München 2009, 25쪽.

23 Cynthia Hahn, "VISIO DEI. Changes in Medieval Visuality", in: Robert S. Nelson (Hg.), *Visuality before and beyond the Renaissance. Seeing as Others Saw*, Cambridge 2000, 169~196쪽, 특히 169쪽.

24 논쟁의 발단이 된 글은 Anton L. Mayer, "Die heilbringende Schau in Sitte und Kult", in: Odo Casel (Hg.), *Heilige Überlieferung. Ausschnitte aus der Geschichte des Mönchtums und des heiligen Kults*, Münster 1938, 235~262쪽이다. 이에 대한 비판은 Norbert Schnitzler, "Illusion, Täuschung und schöner Schein. Probleme der Bildverehrung im späten Mittelalter", in: Klaus Schreiner, *Frömmigkeit im Mittelalter. Politisch-soziale Kontexte, visuelle Praxis, körperliche Ausdrucksformen*, München 2002, 221~242쪽.

25 Barbara Newman, "Die visionären Texte und visuellen Welten

religiöser Frauen", in: *Krone und Schleier: Kunst aus mittelalterlichen Frauenklöstern*. Ausstellungskatalog, hg. von der Kunst- und Ausstellungshalle der Bundesrepublik Deutschland, Bonn, 105~117쪽, 여기서는 105쪽 참조.

26 Keith Moxey, "Hieronymus Bosch and the 'World Upside Down': The Case of The Garden of Earthly Delights", in: Norman Bryson, Michael Ann Holly und ders. (Hg.), *Visual Culture: Images and Interpretations*, Hanover und London 1994, 104~140쪽.

27 Dieter Mersch, *Medientheorien zur Einführung*, Hamburg 2006, 55쪽.

28 Ernst Cassirer, *Philosophie der symbolischen Formen. Zweiter Teil: Das mythische Denken*, Hamburg 2010, 235쪽.

29 Ernst Cassirer, *Versuch über den Menschen*, Hamburg 2007, 345쪽.

30 Mitchell, *Bildtheorie*, 131쪽 이하.

31 Hans Belting, *Florenz und Bagdad: Eine westöstliche Geschichte des Blicks*, München 2008, 24쪽.

32 위의 책, 12쪽.

33 위의 책 19쪽에서 벨팅이 수학자 브라이언 로트먼의 견해에 동의하며 한 말이다.

34 Donat de Chapeaurouge, *'Das Auge ist ein Herr, das Ohr ein Knecht', Der Weg von der mittelalterlichen zur abstrakten Malerei*, Stuttgart 1983, 33~60쪽 참조.

35 David Summers, *The Judgement of Sense: Renaissance Naturalism and the Rise of Aesthetics*, New York 1987, 32~34쪽 참조.

36 Markus Friedrich, "Das Hör-Reich und das Sehe-Reich. Zur Bewertung des Sehens bei Luther und im frühneuzeitlichen Protestantismus", in: Gabriele Wimböck, Karin Leonhard und Markus Friedrich (Hg.), *Evidentia. Reichweiten visueller Wahrnehmung in der Frühen Neuzeit*, Münster 2007, 451~479쪽, 특히 451쪽 이하에 있는 일부 모순되는 접근법 참조.

37 Michael Baxandall, *Die Wirklichkeit der Bilder. Malerei und Erfahrung im Italien der Renaissance*, Berlin 1990.

38 Mitchell, "Das Sehen zeigen", 331쪽 이하.

3장

1 Irit Rogoff, "Studying Visual Culture", in: Mirzoeff (Hg.), *Visual Culture Reader*, 14~26쪽, 여기서는 22쪽 참조. Mieke Bal, "Sagen, Zeigen, Prahlen",

in: 같은 저자의 책, *Kulturanalyse*, Frankfurt/Main 2002, 72~116쪽, 여기서는 80쪽 참조.

2 이에 덧붙여 expl. Timothy Mitchell, "Orientalism and the Exhibitionary Order", in: Mirzoeff (Hg.), *Visual Culture Reader*, 293~303쪽 참조.

3 Edward Said, *Orientalismus*, 2. neu übersetzte Aufl., Frankfurt/Main 2009, 11쪽.

4 위의 책, 57쪽.

5 여기서는 독일이슬람회의Deutsche Islam Konferenz(DIK)의 예를 가지고 분석한 Levent Tezcan, *Das muslimische Subjekt. Verfangen im Dialog der Deutschen Islam Konferenz*, Konstanz 2012 참조.

6 Ella Shohat und Robert Stam, "Narrativizing Visual Culture. Towards a Polycentric Aesthetics", in: Mirzoeff (Hg.), *Visual Culture Reader*, 26~49쪽, 여기서는 46쪽 참조.

7 아마도 가장 많이 인용되었고 자주 코멘트가 달린 예는 조지프 콘래드의 『암흑의 핵심Heart of Darkness』일 것이다. 이 책은 포스트식민주의 시각문화연구의 시각에서 볼 때 가장 언급할 만한 영화인 프랜시스 포드 코폴라의 「지옥의 묵시록 Apocalypse Now」의 모델로 사용되었고, 이로써 또 하나의 시간층을 열어놓는다.

8 Fritz Kramer, *Schriften zur Ethnologie*, Frankfurt/Main 2005 참조.

9 Mieke Bal, "Sagen, Zeigen, Prahlen"

10 Mitchell, "Orientalism and the Exhibitionary Order", 296쪽 이하.

11 Néstor García Canclini, *Hybrid Cultures. Strategies for Entering and Leaving Modernity*, erweiterte Ausgabe, Minneapolis 2005.

12 Mitchell, "Orientalism and the Exhibitionary Order", 294쪽 이하.

13 이에 관해서는 또한 브뤼노 라투르Bruno Latour의 연구들을 참조할 것. 명시적으로는, *Die Hoffnung der Pandora. Untersuchungen zur Wirklichkeit der Wissenschaft*, Frankfurt/Main 2000.

14 Irit Rogoff, "Studying Visual Culture", 18쪽에서 재인용.

15 Homi Bhabha, *Die Verortung der Kultur*, Tübingen 2000, 3쪽.

4장

1 Walter Benjamin, *Das Kunstwerk im Zeitalter seiner technischen Reproduzierbarkeit* (=Suhrkamp Studienbibliothek 1), Frankfurt/Main 2007, 15쪽.

2 위의 책, 10쪽.

3 이것은 마셜 매클루언의 주요한 전제들 가운데 하나이기도 하다. 이에 대해서는 다음의 훌륭한 선집을 참조하라. *Absolute McLuhan*, hg. von Martin Baltes und Rainer Höltschl, Freiburg 2006.

4 Martin Jay, *Downcast Eyes. The Denigration of Vision in Twentieth Century French Thouhgt*, Berkeley, Los Angeles und London 1993.

5 Gottfried Boehm: "Iconic Turn. Ein Brief" und W. J. T. Mitchell: "Pictorial Turn. Eine Antwort", in: Hans Belting(Hg.), *Bilderfragen. Die Bildwissenschaften im Aufbruch*, München 2007, 27~46쪽, 여기서는 27쪽 참조.

6 위의 책, 30쪽.

7 위의 책, 31쪽.

8 위의 책, 40쪽.

9 Mitchell, *Bildtheorie*, 245쪽.

10 Marita Sturken und Lisa Cartwright, "The Myth of Photographic Truth", in: dies., *Practices of Looking: An Introduction to Visual Culture*, Oxford und New York 2001, 16~21쪽.

11 *Kunstblatt*, 24.9.1839, 306쪽.

12 다음 링크 참조. http://blogs.cornell.edu/comm3400fa11tm64/tag/digital-deception/

5장

1 Jonathan Crary, *Techniken des Betrachters, Sehen und Moderne im 19. Jahrhunderts*, Dresden und Basel 1996, 24쪽.

2 위의 책, 57쪽.

3 Peter Bexte, *Blinde Seher. Die Wahrnehmung von Wahrnehmungen in der Kunst des 17. Jahrhunderts*, Amsterdam und Dresden 1999, 19쪽.

4 Crary, *Technken des Betrachters*, 53쪽.

5 위의 책, 56쪽.

6 Hermann von Helmholtz, *Handbuch der physiologischen Optik*, Leipzig 1867, 195쪽.

7 Hermann von Helmholtz, "Der optische Apparat des Auges", in: Helmholtz, *Populäre Wissenschaftliche Vorträge*, Zweites Heft, Braunschweig 1871, 3~98쪽, 여기서는 22쪽 참조.

8 위의 책, 24쪽.

9 같은 쪽.

10 Helmholtz, "Die Tatsachen in der Wahrnehmung", in: *Schriften zur Erkenntnistheorie*, hg. von Paul Hertz und Moritz Schlick, Berlin 1921, 109~152쪽, 여기서는 122쪽 참조.

11 이에 대한 상론으로는 Bernd Stiegler, *Belichtete Augen. Optogramme oder das Versprechen der Retina*, Frankfurt/Main 2011 참조.

12 Hermann von Helmholtz, *Handbuch der physiologischen Optik*, Leipzig 1867, 230쪽.

13 이에 대해서는 Oliver Wendell Holmes, *Spiegel mit einem Gedächtnis. Essays zur Photographie*, hr. von Michael C. Frank und Bernd Stiegler, München 2011.

6장

1 Stuart Hall, "Introduction: Who needs 'Identity'?" in: ders. und Paul du Gay (Hg.), *Questions of Cultural Identity,* Londen und Thousand Oaks 1996, 1~17쪽, 4쪽.

2 Cindy Sherman, *Untitled Film Stills. Mit einem Text von Arthur C. Danto*, München 1990, 14쪽.

3 위의 책, 11쪽.

4 *Cindy Sherman im Gespräch mit Wilfried Dickhoff* (= Kunst heute 14), Köln 1995, 26쪽.

5 위의 책, 11쪽.

6 이 용어(영어로 the given-to-be-seen)는 카자 실버먼이 사용한 용어다. "Dem Blickregime begegnen", in: Christian Kravagna (Hg.), *Privileg Blick. Kritik der visuellen Kultur*, Berlin 1997, 41~64쪽, 특히 58쪽 참조.

7 Reinhart Meyer-Kalkus, "Blick und Stimme bei Jacques Lacan", in: Hans Belting (Hg.), *Bilderfragen. Die Bildwissenschaften im Aufbruch*, München 2007, 217~235쪽, 220쪽 참조.

8 Jacques Lacan, "Das Spiegelstadium als Bildner der Ich-Funktion, wie sie uns in der psychoanalytischen Erfahrung erscheint", in: ders., *Schriften I*, Frankfurt/Main 1975, 61~70쪽, 67쪽.

9 Gerda Pagel, *Jacques Lacan zu Einführung*, 5. Aufl., Hamburg 2007, 23쪽.

10 나중에 라캉은 어머니와의 동일시 혹은 목격자가 확인해주는 거울체험 역시 (주체들 사이의 힘인 언어의 차원을 선취하는) 중요한 역할을 한다고 보완한다. 따라서

거울이 없는 환경에서 성장한 아이들이 자아 발전에서 피해를 입는 일은 없다.

11 Pagel, *Jacques Lacan*, 23쪽.

12 위의 책, 24쪽.

13 Ulrike Kadi, "'…Nicht so einen geordneten Blick.' Bild, Schirm und drittes Auge", in: Claudia Blümle und Anne von der Heiden (Hg.), *Blickzähmung und Augentäuschung. Zu Jaques Lacans Bildertheorie*, Berlin 2005, 249~264쪽, 254쪽.

14 Pagel, *Jacques Lacan*, 30쪽.

15 Lacan, "Das Spiegelstadium", 64쪽.

16 Pagel, *Jacques Lacan*, 34쪽.

17 그의 저서 『프로이트와 라캉』(베를린, 1970)에서 알튀세르는 이러한 유사성을 직접 강조했다.

18 Thomas Elsaesser und Malte Hagener, *Filmtheorie zur Einführung*, Hamburg 2007, 85쪽.

19 Christian Metz, *Der imaginäre Signifikant. Psychoanalyse und Kino*, Münster 2000.

20 Jean-Louis Baudry, "Das Dispositiv: Metapsychologische Betrachtungen eines Realitätseindrucks", in: Claus Pias u.a. (Hg.), *Kursbuch Medienkultur. Die maßgeblichen Theorien von Brecht bis Baudrillard*, 5. Aufl., Stuttgart 2004, 381~404쪽, 399쪽.

21 Laura Mulvey, "Visual Pleasure and Narrative Cinema", in: dies., *Visual and Other Pleasures*, Bloomington und Indianapolis 1989, S. 14~26, 독일어본은 Liliane Weissberg (Hg.), *Weiblichlichkeit als Maskerade*, Frankfurt/Main 1994, 48~64쪽에 실렸다.

22 이 점에 대한 전체적인 조망은 Jui-Ch'i Liu, "Female Spectatorship and the Masquerade: Cindy Sherman's Untitled Film Stills", in: *History of Photography*, Bd. 34, 1 (2010), 79~89쪽 참조.

23 Linda Hentschel, *Pornotopische Techniken des Betrachtens. Raumwahrnehmung und Geschlechterordnung in visuellen Apparaten der Moderne* (= Studien zur visuellen Kultur 2), Marburg 2001, 10쪽.

24 Peter Widmer, *Subversion des Begehrens. Eine Einführung in Jacques Lacans Werk*, 4. Aufl., Wien 1997, 26~36쪽 참조.

25 Jacques Lacan, Das Seminar, Buch XI: *Die vier Grundbegriffe der Psychoanalyse*, Olten 1978, 81쪽.

26 Kaja Silverman, *The Threshold of the Visual World*, New York und London 1996. 이후 이 책에서 전개된 명제는 텍스트 일부를 번역한 독일어 요약

본 Silverman, "Dem Blickregime begegnen"에서 인용하기로 한다.

27 Susan Sontag, *Über Fotografie*, Frankfurt/Main 1980, 84쪽.

28 Silverman, "Dem Blickregime begegnen", 47쪽.

29 이를테면 은폐의 기억을 포함하는 라캉의 의미지평에 대해서는, Kadi, "'…Nicht so einen geordneten Blick.'", 256~260쪽 참조.

30 Silverman, "Dem Blickregime begegnen", 62쪽, 주 5번.

31 위의 책, 50쪽.

32 위의 책, 52쪽.

33 위의 책, 59쪽.

34 같은 쪽.

35 Silverman, *The Threshold*, 2쪽.

7장

1 http://www.youtube.com/watch?v=1wueQrsTxXM에서 볼 수 있다. 다운로드는 http://mediashed.org/duellists

2 http://www.ambienttv.net/pdf/facelessproject.pdf

3 http://www.nyclu.org/pdfs/surveillance_cams_report_121306.pdf

4 Leon Hempel und Jörg Metelmann (Hg.), *Bild-Raum-Kontrolle. Videoüberwachung als Zeichen gesellschaftlichen Wandels*, Frankfurt/Main 2005, 12쪽.

5 Clive Norris, "Vom Persönlichen zum Digitalen. Videoüberwachung, das Panopticon und die technologische Verbindung von Verdacht und gesellschaftlicher Kontrolle", in: 앞의 책, 360-401쪽, 379쪽.

6 Dietmar Kammerer, "Are You dressed for it? Der Mythos der Videoüberwachung in der Visuellen Kultur", in: 앞의 책, 91-105쪽, 104쪽. 특히 같은 저자의 책, *Bilder der Überwachung*, Frankfurt/Main 2008 참조.

7 Michel Foucault, *Dits et Écrits*. Schriften, Bd. 2, Frankfurt/Main 2002, 1016쪽.

8 통치화로서의 CCTV 해석에 대해서는 Susanne Krasmann, "Mobilität: Videoüberwachung als Chiffre einer Gouvernementalität der Gegenwart", in: Hempel und Metelmann (Hg.), *Bild-Raum-Kontrolle*, 308-324쪽 참조. 이에 관해서는 또한 Ulrich Bröckling, Susanne Krasmann und Thomas Lemke (Hg.), *Gouvernementalität der Gegenwart, Studien zur Ökonomisierung des Sozialen*, Frankfurt/Main 2000 참조.

9 Susanne Krasmann, "Mobilität: Videoüberwachung als Chiffre einer Gouvernementalität der Gegenwart", 316쪽.

10 위의 책, 318쪽.

11 Michel Foucault, *Überwachen und Strafen. Die Geburt des Gefängnises*, Frankfurt/Main 1977, 288쪽.

12 Peter Bexte, *Blinde Seher. Die Wahrnehmung von Wahrnehmung in der Kunst des 17. Jahrhunderts*, Amsterdam und Dresden 1999, 39쪽.

8장

1 네덜란드의 구호단체 코드에이드 광고사진 「선글라스」, 광고회사 사치 앤 사치 제작, 사진 카예 스톨츠.

2 Kathryn Woodward, "Concepts of Identity and Difference", in: dies. (Hg.), *Identity and Difference, London u.a. 1997, 7~50 , 2. Übersetzung nach Christina Lutter und Markus Reisenleitner, Cultural Studies. Eine Einführung*, 6. Aufl., Wien 2008, 92쪽.

3 Kalle Lasn, *Culture Jamming. Die Rückeroberung der Zeichen*, Leipzig 2005, 10쪽.

4 Guy Debord, *Die Gesellschaft des Spektakels*, Berlin 1996, 16쪽.

5 위의 책, 20쪽.

6 위의 책, 15쪽.

7 위의 책, 182쪽.

8 Kalle Lasn, *Culture Jamming*, 144쪽.

9 Roland Barthes, *Mythen des Alltags*, Frankfurt/Main 2008, 85쪽.

10 위의 책, 93쪽과 97쪽.

11 위의 책, 95쪽.

12 위의 책, 98쪽.

13 위의 책, 103쪽 이하.

14 위의 책, 106쪽.

15 위의 책, 107쪽.

16 위의 책, 113쪽.

17 위의 책, 87쪽.

18 위의 책, 131쪽.

19 위의 책, 65쪽.

20 Rainer Winter, "Cultural Studies als kritische Medienanalyse: Vom

'encoding/decoding'-Modell zur Diskursanalyse", in: Andreas Hepp und Rainer Winter (Hg.), *Kultur Medien Macht, Cultural Studies und Medienanalyse*, 2. Aufl., Wiesbaden 1999, 49~65쪽, 여기서는 52쪽 참조.

21 같은 쪽.

22 Stuart Hall, "Encoding/Decoding", in: ders. u.a. (Hg.): *Cultures, Media, Language*, London 2006 [Reprint von 1980], 128~138쪽, 여기서는 137쪽 참조.

23 같은 쪽.

24 Sturken und Cartwright, *Practices of Looking*, 59쪽.

25 Andrew Tolson, Mediations: Text and Discourse in Media Studies, London u.a. 1996, 164쪽, Lutter와 Reisenleitner가 옮긴 책, 68쪽.

26 Roland Barthes, *Mythen des Alltags*, 122쪽.

27 Christine Harold, "Pranking Rhetoric: 'Culture Jamming' as Media Activism", in: *Critical Studies in Media Communication*, Bd. 21,3 (2004), 189~211쪽 참조.

28 Kalle Lasn, *Culture Jamming*, 표지 안쪽 글.

29 위의 책, 135쪽.

30 Christoph Behnke, "Culture Jamming und Reklametechnik", in: *web journal* v. 25.2.04 [http:/www.republicart.net/concept/pofrev_de.htm], 2쪽.

31 Tom Holert, "Bildfähigkeiten. Visuelle Kultur, Repräsentationskritik und Politik der Sichtbarkeit", in: ders. (Hg.), *Imagineering. Visuelle Kultur und Politik der Sichbarkeit* (= Jahresring, 47), Köln 2000, 14~33쪽, 여기서는 30쪽 참조.

32 Roland Barthes, *Mythen des Alltags*, 117쪽.

9장

1 Ludwik Fleck, "Schauen, Sehen, Wissen", in: ders., *Denkstile und Tatsachen, Gesammelte Schriften und Zeugnisse*, hg. von Sylwia Werner und Claus Zittel, Frankfurt/Mai 2011, 390~418쪽.

2 위의 글, 390쪽.

3 같은 쪽.

4 위의 글, 390~391쪽.

5 위의 글, 400쪽.

6 Ludwik Fleck, *Entstehung und Entwicklung einer wissenschaftlichen Tatsache*, Frankfurt/Main 1980, 1935 초판본.

7 Ludwik Fleck, "Schauen, Sehen, Wissen", 410쪽.

8 James Elkins (Hg.), *Visual Practices across the university*, München 2007, 7쪽.

9 Wolfgang M. Heckl, "Das Unsichtbare sichtbar machen—Nanowissenschaften als Schlüsseltechnologie des 21. Jahrhunderts", in: Chrita Maar und Hubert Burda (Hg.), *Iconic turn. Die neue Macht des Bilder*, Köln 2004, 128~141쪽, 여기서는 128쪽.

10 위의 글, 139쪽.

11 Ludwik Fleck, 앞의 글, 407쪽.

12 Lorraine Daston und Peter Galison, *Objeltivität*, Frankfurt/Main 2007.

13 이에 관해서는 Bernd Stiegler, *Bilder der Photographie. Ein Album photographischer Metaphern*, Frankfurt/Main 2006 참조.

14 이에 관해서는 Roland Barthes, *Die helle Kammer. Bemerkung zur Photographie*, Frankfurt/Main 1989 참조.

15 이에 관해서는 Ohad Parnes, "Paul Kammerer und die moderne Genetik. Erwerbung und Vererbung verfälschter Eigenschaften", in: Anne-Kathrin Reulecke (Hg.), *Fälschung. Zu Autorschaft und Beweis in Wissenschaften und Künsten*, Frankfurt/Main 2006, 216~243쪽 참조.

16 Irit Rogoff, "Studying visual culture", in: Nicholas Mirzoeff (Hg.), *Visual Culture Reader*, London und New York 1998, 14~26쪽, 여기서는 22쪽 참조.

17 Julia Voss, *Darwins Bilder. Ansichten der Evolutionstheorie 1837-1874*, Frankfurt/Main 2007, 16쪽.

18 위의 책, 20쪽.

19 Ansgar Kemmann, "Evidentia, Evidenz", in: Gert Ueding (Hg.), *Historisches Wörterbuch der Rhetorik*, Bd. 3, Tübingen 1996, 33~47쪽 참조.

20 위의 책, 115쪽.

21 Ernst Haeckel, *Kunstformen der Natur*, München und New York 1998, 여기서 특히 Olaf Breidbach, "Kurze Anleitung zum Bildgebrauch", 9~18쪽 참조.

22 Ernst Haeckel, *Die Natur als Künstlerin*, Berlin 1913.

23 Olaf Breidbach, *Bilder des Wissens. Zur Kulturgeschichte der wissenschaftlichen Wahrnehmung*, München 2005, 125쪽.

24 이에 관해서는 Johannes Stückelberger, *Wolkenbilder. Deutungen des Himmels in der Moderne*, München 2010.

25 Ludwik Fleck, "Über die wissenschaftliche Beobachtung und die Wahrnehmung im allgemeinen", in: *Denkstile und Tatsachen*, 211~238쪽, 여기서는 233쪽.

10장

1 이 주제를 처음으로 조망하고자 한다면 다음 책을 참조하라. 먼저 예술사적 관점에서는 Martin Schulz, *Ordnungen der Bilder. Eine Einführung in die Bildwissenschaft*, München 2005 그리고 Klaus Sachs-Hombach (Hg.), *Bildwissenschaft zwischen Reflexion und Anwendung*, Köln 2005. 후자는 이미지 문제와 관한 다양한 스펙트럼의 글들을 수록한 책이다.

2 Julia Gelshorn und Tristan Weddigen, "New Art History", in: Ulrich Pfisterer (Hg.), *Metzler Lexikon Kunstwissenschaft,* Stuttgart/Weimar 2003, 252~254쪽.

3 Clément Chéroux, *Diplopie, Bildpolitik des 11. September*, Kostanz 2011; W. J.T. Mitchell, *Das Klonen und der Terror. Der Krieg der Bilder seit 9/11*, Frankfurt/M 2011.

4 Mieke Bal, "Visual Essentialism and the Object of Visual Culture", in: *Journal of Visual Culture*, Jg. 1/2(2003), 5~32쪽.

ㄱ~ㄷ

ㄹ, ㅁ

ㅋ, ㅌ

ㅍ, ㅎ

보는 눈의 여덟 가지 얼굴

1판 1쇄 2015년 12월 28일
1판 3쇄 2023년 9월 25일

지은이 마리우스 리멜레·베른트 슈티글러
옮긴이 문화학연구회
펴낸이 강성민
편집장 이은혜
마케팅 정민호 박치우 한민아 이민경 박진희 정경주 정유선 김수인
브랜딩 함유지 함근아 박민재 김희숙 고보미 정승민 배진성
제작 강신은 김동욱 이순호

펴낸곳 (주)글항아리 | 출판등록 2009년 1월 19일 제406-2009-000002호

주소 10881 경기도 파주시 심학산로 10 3층
전자우편 bookpot@hanmail.net
전화번호 031-941-5159(편집부) 031-955-8869(마케팅)
팩스 031-941-5163

ISBN 978-89-6735-283-7 93100

---

www.geulhangari.com